JN028125

最高の主体性を発揮する子どもと教師

筑波大学附属小学校
佐々木昭弘

東洋館出版社

その正体を探るべく、自分自身のこれまでの長い教師人生を振り返りながら、出会ってきた主体性ある子どもたちと教師たちとのエピソードをまとめたのが本書です。

第1章では、公立学校時代の若かりしときに出会った先輩教師や同僚、さらに切磋琢磨した教師たちが、自分の主体性を引き出してくれたエピソードを紹介しています。

第2章では、公立学校時代に長く研修主任を務めていたときに、教師一人一人の主体性を尊重した校内研修システムの改革に取り組んだ実践を紹介しています。

第3章では、筑波大学附属小学校での担任時代、子どもたちの主体性を育てるためのさまざまな実践を紹介しています。

第4章・第5章では、筑波大学附属小学校の子どもたちや教師たち、そして保護者の方々が、コロナ禍にも負けず「学校を楽しくした」実践を紹介しています。

「子どもと教師が最高の主体性を発揮する」とはどのようなことなのか、本書を読まれた方それぞれが自分なりの「納得解」を見いだし、「楽しくする」という主体性ある教師人生を送るヒントとなれば、筆者としてこれ以上嬉しいことはありません。

令和5年2月吉日　筑波大学附属小学校長　佐々木 昭弘

［目次］

第1章 原点回帰

第2章 教師たちが主体性を発揮できる校内研修

第3章　子どもたちが主体性を発揮できる学級づくり

第4章　突如、訪れた危機が子どもと教師にもたらしたもの

第5章　学校は楽しいところじゃない、楽しくするところだ

第 1 章

原点回帰

目の前に立ち塞がった問題を解決するには、組織だけでなく構成員一人一人の主体性が求められます。上司から指示されたことだけを行う（自分では考えようとしない、あるいは他者に判断を委ねてしまう）思考停止状態が大勢を占めれば、組織の活動は硬直化し、臨機応変に対応することが叶わなくなります。

しかし、自らの意思で主体性を維持・発揮するのは、容易なことではありません。そしてそれは、必ずしも能力の問題とは言えないように思います。その人自身の心の置きどころによるところが大きいと思うのです。

端的に言えば、次のとおりです。

問題解決の過程や自分が置かれている環境をいかに「楽しく」できるか

「がんばる」という言葉があります。教育現場でも好んで使われる言葉の一つです。

しかし、私はこの言葉があまり好きではありません。〝本当はやりたくないのだけど、仕方がないから我慢してやる〟というネガティブなニュアンスも含まれているように感じられるからです。ですから、誰かに対して「がんばれ」と言葉をかけるとき（そうすることがあえて必要なときもあります）、何となく相手に無理を強いているように思えて気が引けます。

そうかと言って、本当であればやりたくないことを、やりたいことであるかのように思い込むことを推奨しているわけではありません。そんなことをしていては心を痛めるだけです。いいことはありません。

それに対して、楽しいかわからないことを、楽しめるようにすることはできます。肝は、「そのためにはどうすればよいか」を考えるポジティブな思考回路を自分のなかに構築することです。

もし組織の構成員一人一人がそのような思考回路を使って情報を共有できれば、いたずらに対立構造をつくることなく、（あえてそう仕向けなくても）議論は建設的になります。のみならず、考えの異なる他者との落としどころが、単なる妥協点ではなく、お互いに思いも寄らなかった新しい発想となって現れることすらあります。

さて、私がなぜ、このような考え方をもつように至ったのかを改めて考えてみると、これまでの教師人生を通じて出会ってきた多くの先輩教師の指導に行き着きます。いわば、先輩教師からいただいたプレゼントなのです（このエピソードは後述します）。

そこで本章では、およそ40年の教師人生の原点回帰を試みながら、（たとえ困難な状況であったとしても）「自分を取り巻く環境を楽しくする」エピソードを紹介したいと思います。

終わらせた運動会

教師になって3年目のことです。私は福島県の小さな小学校で6年生を担任していました。最高学年の担任というわけで、学校行事への協力、児童会活動の推進など、忙しい日々を送っていました。私にとってすべてがはじめて尽くしだったので、無我夢中だったことを覚えています。

さて、運動会が終わり、週指導計画案（週案）に、私は次の反省文を書いて管理職に提出しました。


校庭の後片づけを済ませ、帰りの用意をしてみんなで校庭に出た。そして、子どもたちにこう言った。

「校庭を見てごらん。さっきまで運動会が行われていたことが嘘のようです。これは、あなたたちが片づけたのですよ」

私の言葉に、子どもたちは満足げに帰っていった。

休み明けの火曜日も、朝から運動会の後片づけをした。そして、すべての物を倉庫にしまったとき、６年生の運動会が終わった。終わったのではなく、終わらせた。

その後、私の手元に戻ってきた週案には、次の言葉が添えられていました。当時の教頭からのものです。

〝開眼〟です。「はじめる、終わらせる」ここに主体性がある。

「時が来てはじめなければならない、時満ちて終わる」では、時に身をまかせているのと同じです。あくまで、「〜という目標のために〜をやる」というふうになっているべきでしょう。

〝終わらせた〟という言葉は、終わらせた教師にだけ言える言葉です。

「開眼」という言葉がすごく嬉しかったことを、いまでもはっきりと覚えています。このときから、「主体性とはいったい何なのか」を強く意識するようになりました。そして、教師の仕事は決して「やらされている」わけではない、どんな仕事であっても自らの判断を介在しているものなんだ、と考えるようになったのです。

マーチングバンド全国大会への道

教師になりたてのころの私は、いわゆるでもしか先生の一人でした。当時はバブル期の余韻が残っていた時代で、求人も売り手市場だったこともあり、〝とりあえず教師になって、自分が本当にやりたいことが見つかったらそちらに移ろう〟などと安易に考えて教師になったのでした。

そのような私をどう見て取ったのか、あるとき、当時の校長が私にこう言いました。

「何か勉強したいことはないのか？　海外以外だったら、どこでも出張させてやるぞ」

当時は出張旅費が潤沢だったこともあり、ある程度自由に出張希望を出すことができました。そこで、学校に届くさまざまな研修会のチラシのなかから「金管バンドフェスティバル研修会」を選んでみました。自分が中学生のとき吹奏楽部に所属していたことが理由で、どちらかと言うと興味本位の選択でした。

「金管バンドフェスティバル研修会」の会場は、東京都の新宿だったと記憶しています。客席に座り、〝みんなうまいもんだな〟などと思いながら子どもたちの演奏を聴いていると、ある小学校の演奏に私は釘づけになります。

それは「ステージドリル」でした。演奏しながらステージ上を動き回り、さまざまなフォーメーションを組んでいくマーチングです。あまりの迫力に、体が震えるほどの感動を覚えました。その瞬間、自分も指導してみたいと強く思ったのです。

勤務校に戻った私は校長室に直行し、挨拶もそっちのけで「校長先生、マーチングを指導したいんです」と直訴しました。いま考えると、若気の至りです。そんな無鉄砲な要望を出した私に向かって、校長は静かに言いました。

「マーチングがどんなものか、私にはわからないので、見せてくれないか」

この言葉を聞いてスイッチが入った私はさっそく、「金管バンドフェスティバル」のビデオを購入して校長に観てもらいました。のみならず、校長と二人で「マーチングフェスティバル」を観に行きました。

フェスの開催地は秋田県でした。当時、秋田新幹線はありませんし、急な話でもあったので特急列車の予約がとれず、往復立ったままの強行軍です。

フェスを観たとき、校長が本当のところ何を感じ考えたのかは測りかねますが、その後の動きは実に迅速でした。予算の確保、楽器の購入、地域での発表の場の確保、保護者にアピールできる場の設定など、あれよあれよという間に条件が整備されていきました。さらに、マーチングを教育活動として位置づけることを目的として、音楽の指導に長けた教頭（前述の教頭）まで着任させたのです。

実を言うと、マーチングに反対する保護者は数多くいました。その地域ではスポーツ少年団によるソフトボール指導が盛んで、マーチングに練習時間をとられることを嫌がったからです。

しかし、実際にはじめてみると、次第によき理解者へと変わってくれました。マーチングのもつ魅力と、日に日に上達していく子どもたちの姿に感銘を受けたのだと思います。

最初は、金管楽器はトランペットが10台、トロンボーンが2台、鼓笛隊で使っていた古い打楽器、リコーダーと鍵盤ハーモニカだけ。そんな状況を見かねたPTAの役員の方々が、地域をまわって寄付を集めてくれました。おかげで、マーチングに必要な楽器が揃いました。

その後、3年生以上全員の子どもたちで編成した私たちの「マーチングバンド」は、福島県大会、東北大会を通過し、日本武道館で開催される全国大会へと駒を進めたのです。校長への直訴からわずか2年、ちょっと考えられないくらいの快挙でした。

そのようななか、周囲の学校の先生方からよくこんなことを言われていました。

「マーチングの指導、がんばっているみたいだね。でも、時間はとられるし大変じゃない？」

そのたびに、内心〝別にそんなことはないんだけどな〟と思っていました。私には「がんばっている」とか「大変だ」などといった意識がかけらもなかったからです。「ただただ楽しい」それだけです。そもそも自分がどうしてもやりたくてはじめたことなのですから。

ただし、「楽しい」と感じ続けられたのは、単に「私自身がやりたかったこと」というだけではありません。そう思わせてくれた周囲の支えがあったからです。

校長の戦略的な学校経営、教頭の組織運営力、同僚の先生方の献身的な協力、保護者の支援があったからこそ、私は自らの主体性を維持・発揮することができたのです。その結果、「私の楽しい」が「子どもの楽しい」へ、そして「管理職や同僚の楽しい」「保護者の楽しい」へと広がっていったように思います。

私がその学校から異動して、20年の月日が流れます。全国大会への切符を久しぶりに手にした「マーチングバンド」は、その大会の出場をもって解散することを決めていました。そのときの校長の話では、マーチングバンドを維持するために、さまざまな困難を抱え、数多くの職員が苦労を重ねてきたそうです。これで一区切りだという判断でした。

時の流れとともに最初の思いや願いが風化し、形だけが残った伝統は、制度疲労を起こしてしまうのが世の習いです。そしてそれは、教育の世界も例外ではありません。広域人事行政によって教師は数年間隔で入れ替わり立ち替わりです。校区内に大規模マンションが一つ建つだけでも、地域との関係性が変わります。子どもが減っていく状況もあるでしょう。それらに伴って、学校は常に変わり続けます。

最初のうちはどれだけ教育的に望ましいものだったとしても、その目的や意味・価値が受け継がれなければ、教育活動として成立しなくなるのは自然なことなのです。

自分がはじめたマーチングではありましたが、いずれその日が来ることは何となくわかっていたように思います。はじまりがあれば、必ず終わりが訪れます。

何か新しいことをはじめるときには膨大なエネルギーを必要とします。しかし、それ以上に終わらせるエネルギーは、その比ではなかったはずです。

全国大会ではじまり、全国大会で終わらせることができたマーチング…見事な引き際だったと思います。

教育サークルへの参加

教師である私にとって幸運だったのは、授業について語ることが好きな仲間に囲まれていたことでした。お酒の席でも授業を語り、子どもの姿について語ることを憚らない先生たちです。もちろん、お酒の席ぐらい仕事の話をしたくないという同僚もいましたが、そんなことはお構いなし。熱く語り合ったものです。

その一つの場が、同世代の教師と共に立ち上げた教育サークルです。月1回、メンバーの自宅に輪番で集まっては定例会を開いていました。

このサークルには、次の不文律がありました。

- 必ず実践資料を持参して提案すること。
- 持参資料がない場合は、発言は最後に回されること。
- 基本的には褒めない。批判する場合には、代案を必ず示すこと。

まだ若かった私たちにとって、実践資料の作成は簡単なことではありませんでした。しかし、「質」は「量」をこなしてこそ担保されます。繰り返し資料を作成し、提案し、批判する・されることを繰り返しながら、確実に質が高まっていく手応えを仲間とともに体感することができました。

また、誰かの実践を批判するのであれば、必ず代案を出さなければならない約束事なので、うかつに批判などできません。そのような緊張感が伴う議論を通して、研究会での最低限のマナーや技能を身につけることができたように思います。

月1回の定例会後は、必ず食事会を開き、夜遅くまで議論の続きをしたものです。もちろん、仕事とは関係のない雑談で大いに盛り上がることもしばしばでした。私にとって、本当に楽しい時間でした。

私は福島県の教師だったので、転勤は広範囲でした。しかし、どの地区に行っても、志を同じくする教師はいるものです。こうしたことがあって、研修会などに参加した折にはさまざまな先生方に声をかけては仲間を増やし、20年近くサークル活動を続けてきました。その間、ソニー受賞校連盟（現SSTA）や日本初等理科教育研究会の会員にもなり、私の教師人生を大きく変えてくれた先生方と出会うことになります。

年功序列的な意識がほとんどなく、フラットな関係で議論することのできたサークル活動の経験は、間違いなく教師としての私を育ててくれました。懐の深い先輩方との出会いがなければ、いまの自分はなかったと思います。

「幸せになるコツって何ですか？」

これは以前、教え子の一人から受けた質問です。

私は「自分を幸せにしてくれる人と出会うことかな」と答えました。咄嗟の返事だったのですが、いま思い返しても、それほど間違ってはいないように思います。

世の中には、幸せな人もいれば不幸せな人もいます。また、一口に幸せと言っても、さまざまな形があることでしょう。しかし、共通することもあると思います。それは、幸せな人には、自分が幸せになるきっかけを与えてくれる人との出会いがあるということです。

確かに、幸せになるために自ら努力することも大切です。しかし、そうした努力を可能にしてくれるのも、人との出会いです。

おもしろいもので、自分を成長させるべく努力（期間限定ではなく楽しく続けていける、努力とはあまり感じない努力）をしている人には、幸せにしてくれる人との出会いがあります。どうも、神さまがちゃんと用意してくれているらしいのです。

不幸せな人も同様です。犯罪に手を染めてしまった人の多くは、人生をねじ曲げられてしまうような不幸せな出会いがあったのだと思います。

こうした不幸せな出会いは、何も特殊な世界の話だけではありません。犯罪に走るほどではなくても、ごく身近にあり得ます。

私たち人間の世界には、どの組織においてもネガティブな関係性があるものですが、このネガティブを生み出す特徴的な行動特性があります。その背後にあるのが、つるむ心理です。

所属する集団の暗黙の了解を外れて自分の信念を貫こうとすると、この心理に囚われてしまった人たちは「みんなでやろうよ」と言い出します。

別に自分たちはやりたくないことであったとしても、〝この人は何かおもしろそうなことをしそうだ〟〝そのままやらせておくと、自分たちに何かしらおもしろくないことが起きるかもしれない〟と感づいた瞬間に、「みんなで」と言い出すのです。そうすることで、本来であれば自分たち一人一人が背負うべき責任を回避し、どのような事柄も、あいまいという名の沼に沈めてしまおうとします。

もし、それでもなお、自分の信じる道を真摯に突き進もうとすると、どこからともなく次のような言葉が囁かれはじめます。

「あの人、一人で目立つことばっかりして、なんかおかしいよね」

「そうそう、みんなでやればいいのにさ」

「だから友達、できないんだよ」

「そんなにがんばってもしょうがないのにね」
「だったらさ、みんなでがんばらないようにしようよ」

こうした人たちには、けっして近づかないことです。成長するチャンスが訪れるたびに、そのチャンスを断ち切ろうとしてくるからです。自分を幸せにしてくれる「仲間」には絶対に成り得ません。

翻って学校教育においては、「みんなで」行うことが数多くあります。「一人一人の力は小さい、だからみんなで力を合わせて大きなことをやり遂げよう」という考え方です。このこと自体は、教育的にも良識的にも正しい考え方です。しかし、次のただし書きがつくと私は思います。

ただし、集団に所属する成員一人一人が自立・自律した個であること。

自立・自律していない（他人任せ、責任をとりたくない）個の集団であれば、「みんなでやるよりも一人でやったほうがまし」ということが起きます。1＋1が2どころか、マイナスになることさえあります。

自ら省みて縮くんば　千万人といえども我いかん

これは、自分自身を省みて、「やはり自分は正しい」と判断されるならば、たとえ敵対する者が千万人いたとしても（どんな困難があっても）立ち向かって行くという孟子の言葉です。

しかし、これが実にむずかしいのです。自立・自律した主体性ある「単独者」の道を歩むには大きな覚悟が必要だからです。周囲の考えとあまりに違えば、本当に自分が正しいのかと不安に苛まれることもあるでしょう。他人から見れば、ただのわがままにしか映らないこともあります。そのために、孤立することもあるでしょう。

しかし、だからこそ、揉まれに揉まれるなかで自分に本当に必要な処世術を学び、その過程で精神的な強さを身につけていけるのだとも言えます。そうした自立・自律した個が集まってこそ、1＋1が、3にも5にも10にもなるような大きなうねりをつくり出せるようになるのです。

だから、たとえ一時は孤立したとしても、自分が「いい」と思ったことを信じ、自らを磨き続けることが大事なのだと思います。その先には、自分を幸せにしてくれるいい出会いが待っているのです。

研究主任としての悩み～目から鱗が落ちた先輩教師からのメッセージ

これから紹介するのは、私が研究主任を務めていたころのエピソードです。（第2章で改めて詳述しますが）当時勤務していた学校は文部科学省の研究開発学校の指定を受けたものの、従来とは違った研修システムを導入した結果、同僚（特にベテラン教師）の理解を得ることができず、校内研究が立ち往生してしまう状態でした。

なかなか解決の糸口をつかめなかった私は、愚痴を聞いてもらうのと込みで、先輩の先生に相談することにしました。ひとしきり私の話を聞いていた先輩の先生が口にしたのが、この言葉だったのです。

佐々木先生、学校は楽しいところじゃないんだ。楽しくするところなんだよ。

その瞬間、目から鱗が落ちた気がしました。のみならず、自分の置かれている現状を嘆き、「自分は何も悪くない。悪いのは理解を示そうとない周囲の先生方だ」と思い込もうとする私の弱い心の内を見透かされたようで、とても恥ずかしくなったのです。先輩の先生からのこの言葉が、その後の私の教師人生の礎となりました。

何かがうまくいかないとき、周囲への不満をいくら募らせても解決には向かいません。客観的な視点で現状を把握・評価し、解決のために必要なことは何かを建設的に考えることが必要です。

重要なことは、Plan（計画）→Do（実行）→Check（評価）→Action（改善）のサイクルを機能させるかであって、当時の私のように問題の原因を周囲に求めて悩み、一人で何とかしようとしている限り、解決には向かわないということです。

そのような心理に囚われてしまったのは、「文科省から研発校の指定を受けたからには、研究主任が打ち出したアイディアに賛同するのは当たり前だ」という思いあがりが、私にあったからにほかなりません。だから研究が停滞してしまったのです。

そうではなく、先輩教師の言葉を借りれば、「周囲の先生方が賛同できる（賛同したくなる）ようにする」ことこそ必要だったのです。このとき、私はようやく研究のスタートラインに立てたような気がします。

コロナ禍に限らず、共に学校生活を過ごす以上、誰にでも不平や不満はあります。それは当然のことで、仕方のないことです。だからこそ「自分たちの力で学校を楽しくする」という主体性が、教師にとっても、子どもたちにとっても必要なのだと思います。

学校づくり、学級づくりも同様です。さまざまな制限を受けている状況下にあって、子どもと教師が共に「楽しくする」という価値観を共有できたとき、本当の意味での「主体的・対話的で深い学び」を実現できると私は信じています。

第２章

教師たちが
主体性を発揮できる
校内研修

最もクリエイティブな校務

先輩教師の「学校は楽しくするところだ」という言葉に触発された私は、辛かった校内研究を「楽しくする校内研究」につくり換えるために、いったい何ができるかを考えはじめます（本章で紹介する実践はいずれも、福島県のとある小学校で取り組んだものです）。

とはいうものの、何から手をつけたらよいかわかりません。暗中模索の日々が続いていたある日、どこかで聞いた「究極の選択」を思い出しました。それは、こんな選択問題です。

もしも、次のAかBのどちらかの教師にしかなれないとしたら、あなたはどちらを選びますか。

A　学習指導が下手で子どもたちに学力を身につけさせることができない。しかし、子どもたちからは好かれる教師

B　学習指導が上手で子どもたちに学力を身につけさせることができる。しかし、子どもたちからは嫌われる教師

現実的には、あり得ない想定です。

学習指導が上手であれば、子どもたちの多くはその教師のことが好きになります。加えて、その教師のことを子どもたちが好きなのであれば、授業も好きになり、学力が向上する確度も上がります。つまり、「学習指導が上手か」と「その教師が好きか」には、少なからず相関関係があるもので、本来切り離して考えるものではありません。

しかし、右に挙げた選択問題は、「究極の選択」です。あえてどちらかを選び、その理由を考えることで、その教師の子ども観や指導観が表出してくるというのです。これまで、教育実習生や研修に参加された先生方に選んでもらったことがあるのですが、意見が真っ二つに分かれるのが常でした。

もちろん、この選択問題に「正解」はありません。しかし、自分なりに納得できる答え、つまり「納得解」は導き出せるはずです。本書を読まれているみなさんは、どちらを選んだでしょうか。

私は、悩みに悩んだ末に「B」を選びました。

「学校の本務とは何か」と考えたとき、その一つに挙げられるのが「生きて働く確かな学力の育成」です。教育基本法において掲げられる「教育の目的」(第1条「人格の完成」、第5条第2項「義務教育の目的」)においては、全人教育的な高次の目的が記されていますが、それもまた、学力を向上させる過程で育むことになるでしょう。そう考えたとき、自分が子どもたちに好かれることよりも、確かな学力を身につけられる可能性のある「B」を優先させたいと私は考えたのです。

私と同じ「B」を選んだある教育実習生は、次の理由を話してくれました。

「『A』は、自分のために教育している。しかし、『B』は子どものために教育していると思う。だから私は『B』を選びました」

〝なるほど、そういう考え方もあるのか〟と感心したものです。

学校の本務が「生きて働く確かな学力の育成」であるのなら、「それに最も関係している校務とは、校内研究ではないか」と思い至りました。そうであれば、学校のなかで最もクリエイティブな仕事をしているのが、研究主任だということになります。このように考えたときにはじめて、（校務分掌に優劣をつけるつもりはありませんが）自分が研究主任であることに対して誇りを感じることができたのです。

さて、ここから、「楽しくする校内研究」を模索することになります。

〝私自身が心からそう思えれば、その楽しさを他の教師とも共有できるようになるはずだ〟

そう考えて取り組むことにしたのです。

校内研究システムへの疑問

はじめて研究主任になったときから、ずっと疑問に思っていたことがあります。それは、私たち教師が子どもに求める「学びの姿」と、私たち教師の校内研究における「学びの姿」との間には、大きなギャップがあるのではないかというものです。

ここでは、「総合的な学習の時間」を引き合いに出します。そのうえで具体的にどのようなギャップなのかを後述します。

「総合」の目標には、かつて次の文言が示されていました（平成10年版小学校学習指導要領総則第3「総合的な学習の時間の取扱い」）。

(1) 自ら課題を見付け、自ら学び、自ら考え、主体的に判断し、よりよく問題を解決する資質や能力を育てること。

（傍線は筆者）

それに対して平成29年版の小学校学習指導要領（第5章「総合的な学習の時間」第1）では、表現こそ変わったものの、趣旨はほぼ同様だと考えられます。

(2) 実社会や実生活の中から問いを見いだし、自分で課題を立て、情報を集め、整理・分析して、まとめ・表現することができるようにする。

授業を通じて、こうした資質・能力を育成するために、私たち教師は次のような手立てを講じてきました。

●「自ら課題を見付ける（問いを見いだす）」ために、既習事項や生活経験をよりどころとして、子どもにとって価値ある課題を設定してきた。
●一つの課題に対してさまざまな考えをもちより、みんなで解決する単線型の展開、課題別や方法別といった複線型の展開に挑戦してきた。
●「総合的な学習の時間」が登場してからは、子ども一人一人の問題意識に根ざした課題を個々に設定するなどして、より個別化・個性化を図ってきた。

いずれも、現在でいうところの「個別最適な学び」につながる取組です。右に挙げた手立てを講ずるに当たってどのような校内研究であったらよいのか（あるいは、どのような校内研究であってはならないのか）について、ひとつひとつ述べていきましょう。

1　教師は「自ら課題を見付け」ているか

校内研究という観点から「これまで」を振り返ってみると、（子どもたちには「自ら課題を見付け」ることを求めながら）自分たち自身は「課題を見付け」ることをあまりしてこなかったように思えます。どちらかというと、「共同研究」の名のもとに、教師がみな「同じテーマ」「同じサブテーマ」「同じ研究内容」を設定して研究するのが日常だったからです。

ここでは、**資料1**を参照しながら、これまでの授業研究がどのように行われてきたのかを考えてみましょう。

資料1　従来型の授業研究のプロセス

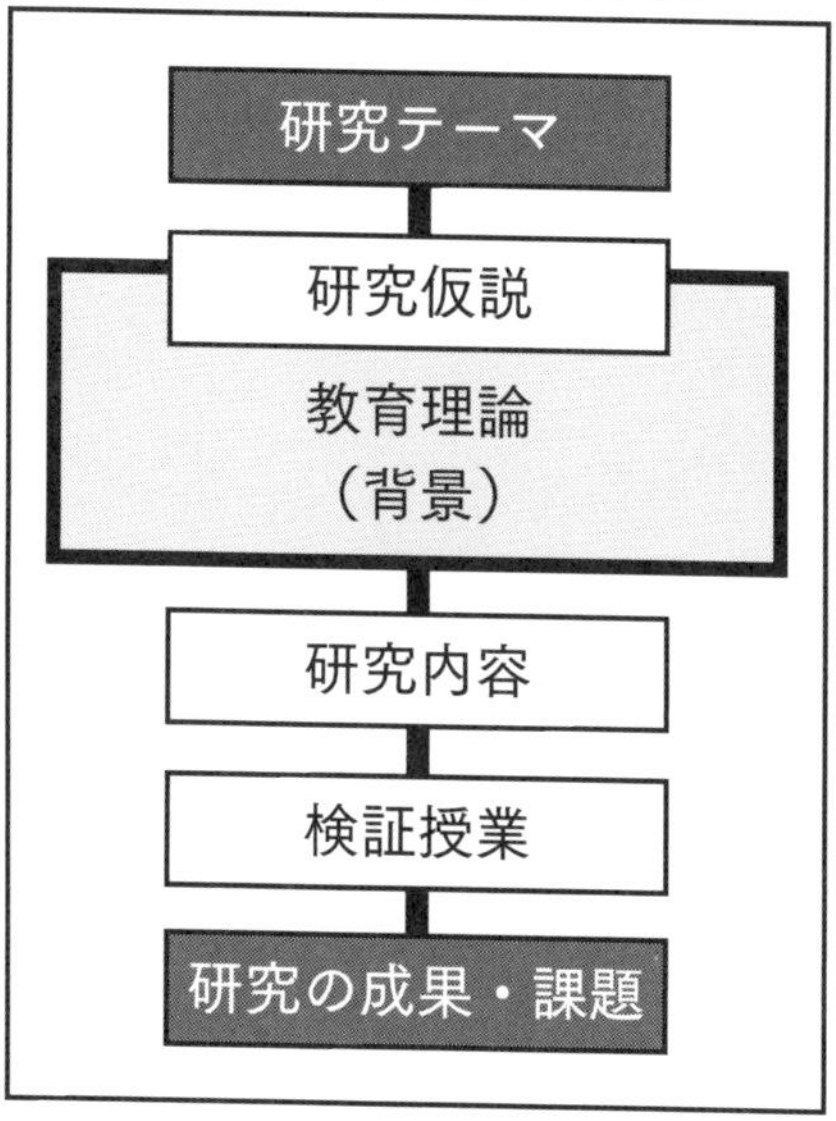

研究テーマ
研究仮説
教育理論（背景）
研究内容
検証授業
研究の成果・課題

まず、各学校の教育目標と子どもの実態とを比較しながら課題を見いだし、大枠の「研究テーマ」を設定します。次に、研究テーマを達成するための「研究仮説」を設定し、その仮説の理論的な背景となる「教育理論」を抽出します。そして、仮説を検証するために必要な「研究内容」を設定し、その後は「検証授業（研究授業）」を行って分析・考察を行い、最後に「研究の成果・課題」をまとめて校内研究は終了します。

この一連の流れは、教師が共同で研究を進めるうえで、実に都合のよいものでした。実際、私自身も先輩教師から多くのことを学ばせてもらいました。

ただ、「私たちが個別に抱えている課題を、共同研究によって解決できるのか」といった切り口から考えると、事情はずいぶんと変わってくるように思います。

そもそも私たち教師が抱える課題は、経験年数によっても、校務の内容によっても異なるだろうし、同じ年代、同じ学級担任であっても同じとは限りません。たまたま同じ課題を抱えている場合もあるでしょうが、教師一人一人違うのが自然です。

このように考えると、「授業研究は共同研究ありきだ」と狭い視野でとらえてしまうと、研究テーマを抽象的なスローガンにしてしまう危険性があることに気づいたのです。

あるとき友人（教師ではない）に、この話をしたところ、次の答えが返ってきました。

「ビジネス界と違って、教師には差し迫った課題がないからじゃないの？」

この回答に対して私は強い違和感を覚えました。〝差し迫った課題がないのではなく、差し迫った課題の存在に気づいていないのではないか〟と。

もし次のように問われたら、みなさんはどのように答えるでしょう。

「毎日の指導のなかで、あなたが解決したい（しなければならないと思う）課題は何ですか？」

「教師としての自らの課題」に思いを至していなかったころの私だったら、きっと答えに窮してしまったことでしょう。

それはなぜでしょうか。

日々の業務のなかで「あなたには、〇〇という課題がある」などといった厳しい評価をつきつけられる経験を積んでいないからです。学級崩壊やいじめ問題が発生したときなどは話が別ですが、そうでない限り、たとえば日々の学習指導についても差し迫った危機意識を感じることはあまりないのではないでしょうか。

自らの課題を見つけるには、その課題にまつわる諸情報を分類・整理するものさしが必要です。それに対して、学校現場では、上司や同僚からの評価が自分に直接届くことは稀です。

（昨今、事情がずいぶん変わってはきていますが）よほど不信感をもたれているのでない限り、（心の内に不満を抱いていても）担任教師に向かって直接「どの子もちゃんと公平に扱ってください」などと口にする保護者はいないでしょう。

こうしたこともあって、公立学校に勤める教師は、自分自身を評価するためのものさしを形成しにくいということが言えると思います。

2　教師は「自ら学び、自ら考え」ているか

　ここでは、自ら解決しなければならない差し迫った課題を教師が見いだしたと仮定します。しかし、そうであっても「校内研究」において「自ら学び、自ら考え」ることを、教師自身はあまりしてこなかったように思えます。

　かつて社会科の教科調査官を務めた北俊夫氏は、「自ら」という言葉の意味について、『初等教育資料』(No.736)誌で次のように記述しています。

「自ら」とは、文字どおり「子供一人一人が自分の意志で」ということである。それは、学習への目的意識と方向性をもって主体的に取り組む姿である。(傍点は筆者)

　この文章の「子供」を「教師」に、「学習」を「授業研究」に置き換えて読んでみると、私たちが自らの課題解決に対してどれだけ積極的ではなかったかが浮かび上がってきます。そしてそれは、教師個々の意識の問題ではなく、「共同研究」の名のもとに、自らの課題を研究の俎上に載せることがむずかしい(教師の主体性が発揮されにくい)環境にこそ問題が潜んでいたのではないかと思うのです。

　私は、自分にとって意味や価値ある課題を見いだすことができてはじめて、教師とし

ての学びをスタートできると考えています。そうできる教師は、自分の課題意識に照らし合わせながら必要な情報を収集し、蓄積していくことでしょう。そうしていくうちに知識は増え、実践の場においても段々と手応えを感じられるようになると思います。

ただし、自分独りの学びには限界もあります。それが何かをつかんでおかないと、自分の都合のよい情報ばかり集めるようになり、次第に独善的になっていきます。自分の課題解決のために必要な情報が、本当は不足しているのに、それと気づかず「わかったつもり」になります。

いつもいつも独りで学んでいたのでは、学びの精度は上がりません。のみならず、独りよがりになる危険性を常に孕みます。だからこそ、他の教師とのかかわりが必要なのです。校外の研究会に積極的に参加したり、わからないことがあれば先輩教師に協力を仰いだりする関係性です。

そうできれば、自分の考えと他の教師との考えを比較できるようになります。教条的な思い込みに縛られず、常に「自分の考えは本当にこれでよいのか」と自分自答できるようになります。自分が集めた情報の意味づけや関係づけを間違えないようになります。その先に、独善的ではない、独創的な新しい論理へと自分自身を誘っていけるようになると思うのです。

私たち教師が子どもたちに対して求める「学び」と、自らの課題解決を目指す教師の「学び」は、本質的に何も変わらないはずなのです。そして、このような「学び」を組織的に機能させていくことこそが、「共同研究」本来の姿だと私は思います。

このように考えると、校内研究を研究主任の裁量まかせにしているだけでは、教師一人一人の課題解決に向かわないと考えることができます。

校内研究システムの改革

1 「スローガン的な研究テーマ」をやめる

たとえば、「『生きて働く確かな学力』の習得」を研究テーマに掲げたとします。この「生きて働く」という表現はとても抽象的です。そのままでは教師同士で目指す子ども像の具体を共有するのはむずかしいでしょう。そのため、到達目標に近い具体的な表現に改める必要があります。

当時の勤務校でも似たような状況がありました。そこで考えたのが、次の二つの「子どもの事実」を踏まえて研究テーマを設定することでした。

- 「わからないことがわかるようになり、できないことができるようになる」という子どもの事実を生み出すこと。
- 「勉強することが楽しくて好きになる」という子どもの事実を生み出すこと。

すべての子どもに保障することはむずかしいことですが、できるだけ多くの子どもの姿から、この二つの事実を見いだせるようになったとき、研究の成果とみなせるはずだと考えたわけです。

そのために行ったのが「スローガン的な研究テーマ」の廃止です。次のように改めました。

「『確かな学力』を育て、『学ぶ意欲』を高める」

学習指導のゴールを明確にし、具体的な評価をも可能にする表現にすることで、教師一人一人異なる学習指導上の課題解決に寄与することをねらったのです。

2 「あいまいな研究評価」をやめる

「学力」を広義にとらえるならば、ペーパーテストだけで妥当性・信頼性のある評価を行うことはできません。だからといって、ペーパーテストは時代遅れなどと言いたいわけでもありません。ここで押さえておくべきは、「学びに向かう力（主体的に学習に取り組む態度）」や「思考力、判断力、表現力等」は、「知識（技能）」を習得する過程で育つものだということです。

「知識（技能）」の習得が覚束ない状況が見られるならば、他の二つの資質・能力も十分に育成されていないことを見て取れる、逆に「知識（技能）」が習得されていることが見取れるならば、他の二つの資質・能力も育成されているとみなすことができるという考え方です。

　このように、「知識（技能）」の習得は、他の二つの資質・能力が育成されたと判断するための必要条件だと考えたわけです。そこで、「確かな学力」については、標準化された「学力テスト」で評価することにしました。

　ただし、誤解してはならないことがあります。それは、ここで言う「知識（技能）」とは、事実を覚えるような知識のみを意味するものではないという点です。それでは、使える「知識（技能）」とはなり得ません。概念化されてこそ、その「知識（技能）」は既習となり、その後の学習においても使えるものになります。

　この概念化のために欠かせないのが、「思考力、判断力、表現力等」であり、「学びに向かう力」なのです。そのため、教師が一方的に教え込んだり、ドリル学習を繰り返したりしているだけでは、本物の「知識（技能）」の習得は覚束ないということです。
こうした諸点を踏まえ、まず年に2回「学習動機調査」を実施し、学力との相関関係を確認することにしました。

資料2は、理科の学習動機を調べる調査用紙です。

まず、理科が「すき」「どちらでもない」「きらい」かを一つを選んでもらいます。その際、次のように説明しておきます。

「好きなときも嫌いなときもあるでしょう。好きなときが多かったら『すき』を選び、嫌いなときが多かったら『きらい』を選びます。そして、好きなときと嫌いなときが同じくら

資料2　理科の学習動機を調べる調査用紙

これはテストではありません。
成績には関係がありませんので、自分の気持ちを正直に書いてください。

1．あなたは、「理科」の勉強がすきですか、きらいですか。
自分の気持ちに合うものを、1つだけ○でかこんでください。

すき　　どちらでもない　　きらい

2．あなたは、どういう気持ちから「理科」を勉強しているのですか。
それぞれ、「はい」「いいえ」のどちらかを○でかこんでください。

①	家の人にほめられたいから勉強する。	（　はい　いいえ　）
②	先生にほめられたいから勉強する。	（　はい　いいえ　）
③	家の人にしかられたくないから勉強する。	（　はい　いいえ　）
④	先生にしかられたくないから勉強する。	（　はい　いいえ　）
⑤	宿題があるから勉強する。	（　はい　いいえ　）
⑥	テストがあるから勉強する。	（　はい　いいえ　）
⑦	成績をよくしたいから勉強する。	（　はい　いいえ　）
⑧	友達にまけたくないから勉強する。	（　はい　いいえ　）
⑨	えらい人になりたいから勉強する。	（　はい　いいえ　）
⑩	友達といっしょだから勉強する。	（　はい　いいえ　）
⑪	おもしろくて楽しいから勉強する。	（　はい　いいえ　）
⑫	新しいことを知りたいから勉強する。	（　はい　いいえ　）
⑬	大人になって役に立つから勉強する。	（　はい　いいえ　）

参考文献：杉村健著『小学生の学習心理』教育出版、1985年

いだったら『どちらでもない』を選びます」

この説明を加えることで、たとえ調査者が変わったとしても、調査結果に与える影響は少なくなります。

調査結果（小学校5年生）を集計したのが**資料3**です。「すき」と答える子どもが多いに越したことはありませんが、重視すべきは、「どうすれば、『すき』の子どもを増やすことができるか」といった視点をもち、具体的な方策を見いだすことです。

質問紙の①～④は、いわゆる外発的な動機づけを調査する項目です。**資料3**に目を転じると、①～④の質問項目で「きらい」を選んだ子どもは、家の人や教師に褒められたいから勉強するという動機づけが低く、家の人や教師に叱られたくないから勉強するという動機づけが高い結果となっています。これは、普段褒められるよりも、叱られることのほうが多いことが背景としてあるのかもしれません。

最も着目すべきは「⑪おもしろくて楽しいから勉強する」への回答です。「すき」の子どもと「きらい」の子どもとを比べると、その差は一目瞭然です。「授業が『おもしろい』『楽しい』と感じられていれば、自然と『すき』になる子どもが増える」という可能性を示唆しているからです。

問題は、授業のおもしろさ、楽しさとは、いったい何なのかということです。この点について、質問紙法を活用して調査したところ、その正体は次の知的充足感でした。

「わからないことがわかるようになり、できないことができるようになる」

資料3　理科の学習動機にかかわる調査結果

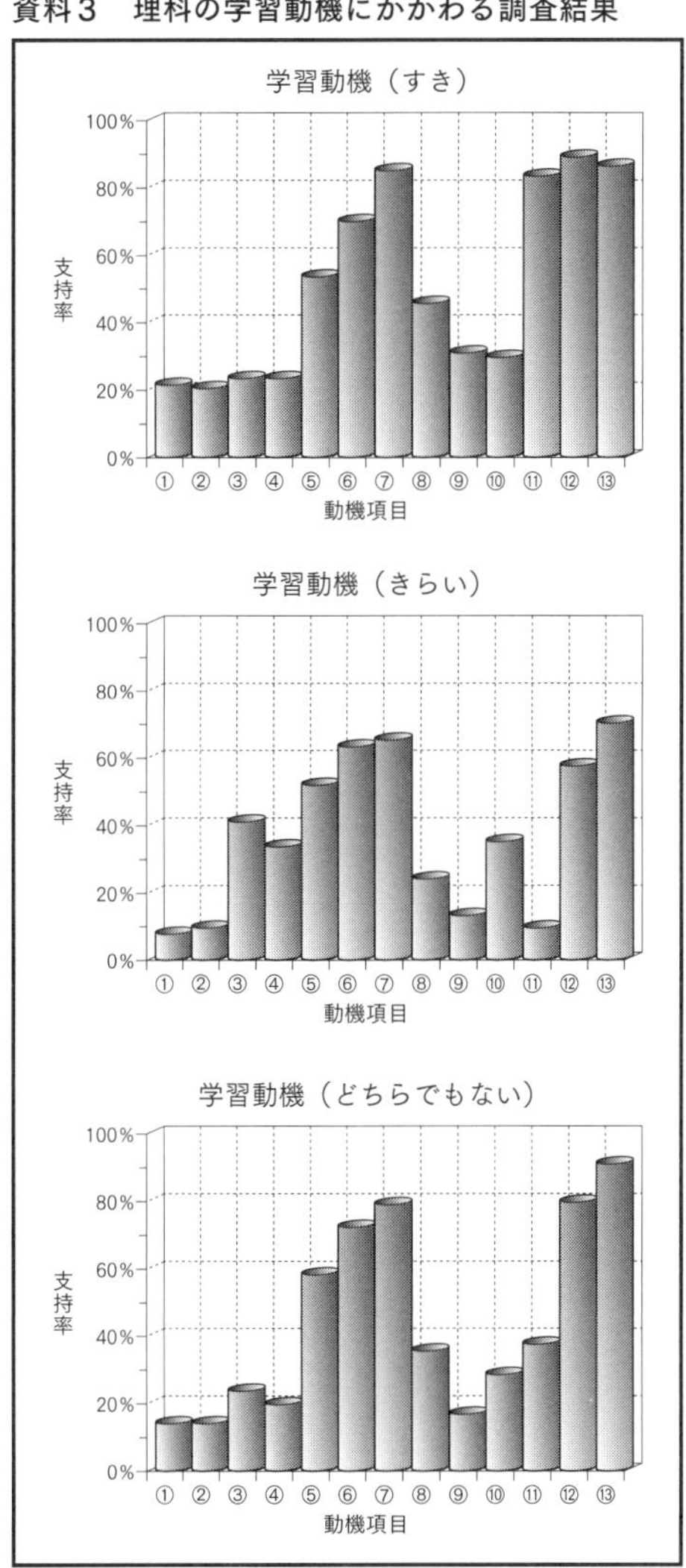

〈参考文献〉佐々木昭弘著『系統・関連指導を重視した小学校理科の新カリキュラム・デザイン』明治図書出版、2022年

言葉にすれば、〝何をいまさら〟などと思われるかもしれません。しかし、この当たり前にどれだけ真摯に向き合えるかが、研究テーマとして掲げた「確かな学力」と「学ぶ意欲」の双方を高めるために欠かせないのです。

子どもたちの「わかる・できる」の事実を生み出し、いかにして知的充足感を味わわせるか、この視点をもって研究に参画する一人として、どの教師も自分自身の授業改善にしていくことが大切なのだと思います。

3 「共通の研究内容」をやめる

そうはいっても、「確かな学力」と「学ぶ意欲」の双方を並行して高めるのは容易なことではありません。しかも、研究テーマを達成するための「差し迫った課題」も、教師一人一人異なります。そこで、（学力テストの結果や学習動機に関する調査結果をもとにして）教師一人一人が、自分が必要だと考える手立てを考え、「いかにして授業という場で形にしていけるか」を、各自の研究内容にしてもらうことにしました。つまり、「共通の研究内容」をやめたわけです。

教師からは「研究内容がばらばらになってしまっては、共同研究にならないのではないか」と心配する声があがりました。しかし、実際に取り組んでみると、教師個々の授業課題のなかで授業全体に共通する課題があることもわかってきました。

このような共通部分については、全体協議の場で研究することにしました。「共通の研究内容ありきではなく、個々の課題に基づく研究の練り上げによって見えてくる共通する研究内容があれば、全体協議の俎上に載せる」という位置づけにしたわけです。

このようなアプローチは、校内研究において「個別最適な学び」をはじめとする教育課題について考える際にも、その教師自身の学びを考える際にも、重視すべきだと私は考えています。

4 「研究という言い方」をやめる

「研修」には、「研究」と「修養」の二つの要素があると言われます（教育公務員特例法第21条第1項）。『広辞苑』では、「②現職教育」とも記されています。つまり、私たちが取り組むべき現職教育には、「研究」の側面と、「修養」の側面の双方が内在しているということです。

「修養」とは「心の持ち方、対人行動に気を付け、他人の人格を重んじ、自分の人格を高めること」（『新明解国語辞典』三省堂）であり、いわば教師としての資質・能力の向上を目指すものです。とはいうものの、従来の校内研究では、あまり意識されてこなかったことのように思います。

そこで、「①研究」と「②修養」を共に補完し合えるように、次の二つの目標を立案しました。

【①研究】 組織的な研修体制のもと授業の質的改善を図り、子どもの「学ぶ意欲」を高めるとともに、「確かな学力」を育成する。

【②修養】 教師としての専門的資質を高め、本校の教育目標及び努力目標の具現化のために必要な能力や態度を身につける。

こうした取組の根底には、次の問いがあります。

「学校教育が抱えている課題の解決を、演繹的な研究手法に頼ってきたことが、さまざまな弊害を生んできたのではないか?」

よく「授業をよりよくするには、理論と実践のどちらが欠けてもいけない」などと言われます。私もそのとおりだと思います。問題は、理論と実践との関係性です。

もし、「実践は理論の下位に位置づく」(理論で語られていないことは実践できない)などととらえるならば、研究がひどく窮屈になってしまうと思います。実際、これまで理論から事実を生み出そうとする演繹的な研究に偏っていたように思いますし、そうであるがゆえに、実践内容を理論に結びつけようとするあまり無理な辻褄合わせをせざる得なくなるなど、校内研究がシステム疲労を起こしてしまうこともしばしばだったように思います。

そこで、発想を変え、課題とするターゲットを研究の内容や方法に向けるのではなく、あり方に向けることにしたわけです。すなわち、帰納的なアプローチで、「修養」としての機能を高め、子どもの〝向上的な変容〟（ファクト）の積み上げに基づいて理論をつくり出していくという研修システムの再構築です。すなわち、研究を「やめる」ことで、研修が「はじまる」のです。

現実には、これまでの校内研究に対する考え方を一度白紙に戻す必要があり、次の科学的な要素を校内研究に取り入れることにしました。

【実証性】提案内容を、授業の「子どもの姿」（事実）で示すことができる。

【客観性】研究の「成果」や「課題」を教師同士で理解、共有できる。

【再現性】学んだことを、毎日の授業に取り入れることができる。

この三つの「できる」が具体化されたとき、校内研究は「教育科学」として成立する確度が上がると考えます。のみならず、教師一人一人が蓄積してきた教育的な財産が、子どもの事実をもとに共有化されていくのです。その結果、教師集団は校内研究に取り組むことの価値を見いだし、自分が設定した研究内容に応じて主体的に取り組めるようになるという好循環を生み出します。

これが、「ファクト・コントロール」(事実に基づく管理)であり、当時の私が発行し続けた研修通信のタイトルでもあります。

こうしたことを踏まえ、本章では以下「校内研究」を「校内研修」と表記していきます。

5 「仮説検証型の研究」をやめる

たとえば、次のような仮説があったとします。

学習過程において、○○を工夫すれば□□が高まり、△△が育成されるであろう。

いかにも、もっともらしく見える仮説です。しかし、これが本当に仮説足り得るのか、私は疑いの目を向けます。

まず「○○を工夫すれば」の「○○」にはどんな工夫が入るのでしょう。仮説で使った文言は研究を通じて後に再定義することになるのでしょうが、工夫点が一律に決められてしまうと、（一人一人の教師の力量や課題にかかわらず）どの教師も「○○の工夫」という特定の教育技術を使いこなせることが前提条件になってしまいます。つまり、「□□が高められる○○という指導技術がなければ、△△を育成できない」ならば、それは「仮説」ではなく「定説」になるということです。

そうであるにもかかわらず、「仮説」と称し続けてしまうと、年数回の研究授業で得られた自分にとって都合のよい事実だけを切り取って拡大解釈し、成果とつなぎ合わせてしまう「パッチワーク型の研究」となります。その証拠に、「この仮説の有効性は認められなかった」などといった結論が記された研究紀要・集録・資料のたぐいを、私はまず見たことがありません。

（繰り返しになりますが）経験年数、力量、個性など教師一人一人違うのですから、「教師がみな同じスタートラインに並んでから研究をスタートする」という発想そのものを変えてしまったほうがいいと私は思います。

翻って、自分が解決すべき「差し迫った課題」を教師一人一人が自覚できたならば、意味ある仮説を教師自らが設定できるようになるのです。

6 「指導案の定型化」をやめる

ときには、検討に検討を重ね、数頁にも及ぶ指導案（大作）を作成することも必要です。現在勤めている筑波小でも、校内研究会ともなれば、指導案のかなりのページを割いて、独自の理論を主張することになります。それに対して、6月と2月の学習公開の際にはA4版2頁程度です。指導案の項目立ても、ある程度の自由さが許されています。

こうした例からもわかるように、指導案の形式や量というものは、授業研究会の目的や授業者の提案内容によって違ってしかるべきだということです。そうであるにもかかわらず、すべての教師に、同じ形式・同じ分量で指導案を書くことを義務づけてしまえば、さまざまな歪みが生じることでしょう。

そこで、当時勤めていた学校では、次の事項の記述は必須事項とし（A4版1枚）、ほかにも書き足したい項目があれば、授業者に委ねることを提案しました。

●提案授業の趣旨

●単元の目標

●指導計画
●本時の目標
●本時の展開

ところが、この提案に対して反対の声が上がりました。「それでは研究授業ができない」と言うのです。「研究テーマや研究内容を網羅するような形式が必要だ」と。

研究テーマは共通であるものの、研究内容は教師一人一人違うというアプローチをとる以上、網羅しようがありません（もしそうすれば校内研修そのものが画餅に帰します）。「先生が研究授業をされるとき、必要な項目を追加して指導案を作成していただけませんか？」とお願いしたところ、「それは研究主任の仕事でしょう？」と返されました。

はたしてそうでしょうか。

確かに、「研究主任が講師を含め諸先生方を招待し、レールを敷いて研修という名の電車を走らせ、同じ目的地へ連れていき、研究主任が総括をする」といった、これまでの校内研究であれば、「研究テーマや研究内容を網羅するような形式」が必要となるでしょう。

しかしそれでは、まるで研究主任の個人研究に便乗させるようなものだと私は考えています。諸先生方にとって有意義な（修養できる）校内研修とはなり得ません。叩き台となる研修計画は、研究主任が責任をもって作成します。しかし、修正点や追加事項が必要だというのであれば、「こうしたい」「ああしたい」と代案を提案する権利と義務が、研究同人であるすべての教師にあると私は考えます。そうでなければ、教師一人一人が自らの主体性を発揮できなくなります。

「指導案の形式」といえば、ちょっとしたおもしろいエピソードがあります。

国立教育政策研究所が参考として示した「評価規準」をベースにして、勤務校の教育課程に沿った単元の評価規準を作成したことがありました。

さらに、教育委員会からは「本時の指導案には、作成した評価規準を基にして、『本時の目標が達成されたかどうか』を判断するための『評価基準』を（評価規準とは別に）設け、『ＡＢＣ』それぞれについて明記する」ことが指導されたのです。

このときの謳い文句は、「誰が評価しても同じ結果が出る客観的な評価」であったと記憶しています。

正直なところ「そんな評価があり得るのか？」と疑問に思いましたが、このときは指導されるがまま、到達度評価のために「Ａ」「Ｂ」「Ｃ」の評価基準を検討することになりました。

当時の算数科の指導案（第5学年「体積」）を見ると、次の評価基準が記述されています。

【A】２通り以上の考え方で複合図形の体積を求めることができる。
【B】複合図形の体積を求めることができる。
【C】複合図形を直方体に分割することができる。

このとき、ある教師が次のように言いました。

「子どもたちを3つにふるい分ける評価なのだから、評価基準は『A』と『B』の2つあればよいのではないですか」

この問いかけに多くの教師が賛同しました。いまになって考えると、たとえ「B」基準を達成できない子どもであっても、「B」とは違う基準を設定しておくことで、教師の積極的な指導を促すという願いが込められていたのかもしれません。

しかしながら、そもそも評価規準は「B」（おおむね満足できる状況）を実現するためのものですから、右の評価基準に基づくならば、すべての子どもたちが「B」以上になる指導のほうに、教師は全エネルギーを注ぐべきなのです。

そうであるにもかかわらず、「C」基準まで設定してしまうと、教師が自分の指導を

「C」基準に留めてしまうことにならないかとも思われました。

話し合いの結果、指導案には「A」と「B」の2つの評価基準を設定することで決まりました。

さて、校内授業研究会の当日でのことです。

協議会の最後の「ご指導」の場で、授業者に対し、ある指導主事が次の質問をしました（研究授業の指導助言者として教育委員会から招いた指導主事です）。

「今日の授業で、A・B・Cの子どもは、それぞれ何人だったのでしょうか？」

授業者は答えることができません。そもそも「C」基準を設定していないし、まして授業では子どもたちが「B」基準以上になるよう指導に注力していたのだから当然です。

それに対して、その指導主事は「それでは困るんです！」と言い放ちます。「教育委員会としては『C』基準を設定して、そのつどA・B・Cをつけてもらわなくては、評価が客観的になりませんから」と。

そんなふうに言われたところで、どうすれば授業直後に「A・B・C」の子どもの人数を明快に答えられれのか、想像すらできません。それにもし、そんなことをしようとすれば（毎時間「この子はCだ」などとチェックしながら授業を行わないといけないのだとしたら）、本時の指導がおろそかになり、肝心の授業の目標を実現できなくなるのではないかと強く感じました。

そこで、失礼を承知のうえで、指導主事に次のお願いをしてみました。

「提案があります。私の学級をお貸ししますので、授業をしていただけないでしょうか。そして、どのような評価技法を駆使すれば、『A・B・C』それぞれの人数を明快に答えることができるのか、ご指導いただけないでしょうか？」

すると、(残念ながら)その指導主事からは「指導主事は授業ができません」という回答でした。

評価基準を作成して「A・B・C」をつける(数値化する)という考え方そのものを否定したいわけではありません。年度末には、必ず評定して指導要録に記載しなければならないわけですから、子どもの観点別学習状況評価を行う責任が教師にはあります。

しかし、「指導と評価の一体化」という言葉に代表されるように、目の前の子どもの姿から判断できる、その場その場の子どもの「学習状況」を、いかにして教師の「指導」を通して見いだせるかを考えることこそ大切だと思うのです。

適切な指導は、教師による「評価」の結果として、後からついてくるものです。そして、それが教師に求められる「授業力」のはずです。

結局、私たちは教育委員会の指導には従わず、評価規準に示した姿(どの子も「おおむね満足できる状況」を実現する姿）を実現するべく、指導案には引き続き「C」の評価基準を記さないことにしました（現行制度において求められているのは、客観性のある評価ではなく、目標に準拠した妥当性・信頼性のある評価であり、そもそも評価規準そのものが「B」の子どもの姿であることから、あらかじめ「A」を想定する際には「B」規準とのダブルスタンダードにならないように配慮する必要があります）。

こうした決定を行うことこそ、「学校の主体性だ」と私は考えています。

7 「指導案の事前検討会」をやめる

自分が研究授業を行うときに、とても嫌だったことがあります。それは、指導案の事前検討会です。研究授業の前に自分の指導案を参観者に説明し、質問や意見を受けつける、あの時間です。

さまざまな意見のなかから、授業者本人が納得できた事柄を授業に取り入れる分にはかまいません。私が苦痛に感じていたのは、自分はまったく納得できていないにもかかわらず、その場で指導案を書き換えさせられることです。このようなときの第三者の言い分は、おおむね次のとおりです。

「研究授業はあなたのためだけにあるわけじゃない」

「授業はみんなでつくるものだ」

〝それって、本当に？〟と、私は心の底から疑いの目を向けます。

研究授業はみんなのものではありません。授業者本人のものです。そうであるにもかかわらず、授業者の主体性が無視され、借り物の指導案で授業を行えば、どういうことになるのか、想像するまでもありません。惨憺たる結果で終わります（実際にそうでした）。

発想が逆なのです。授業者が自分自身の課題解決のために授業を行うからこそ、指導が主体的となり、参観者も何かを学び取れるヒントとなり得るのです。主体性のない借り物の授業では、授業者本人はもとより、参観者の参考にもなりません。〝いったい誰得なんだ〟という話です。

たくさんの教師が集まり、一つの指導案について「あぁでもない、こうでもない」といくら意見を重ねようとも、議論は建設的にはなり得ません。机上の空論の域を出られないばかりか、結局は声の大きな人、立場が上の人の鶴の一声によってほかの人たちの声がかき消されてしまいます。

（繰り返しになりますが）研究授業は授業者本人のものである以上、どのような情報を授業に生かしていくかの最終判断は授業者に委ねられるべきです。そうであるからこそ、授業の結果責任を授業者本人が背負えるようになるのです。

こうした経験を踏まえ、私は指導案の事前検討会を廃止し、授業者の主体性を高める次の手立てを打つことにしました。手順は、以下のとおりです。

①授業者は、授業日の1週間前までに指導案を作成し、授業の参観予定者に印刷・配付する。さらに、本時の展開部分だけを0版に拡大して職員室内の掲示板に掲示する。

②授業の参観者は、掲示板に準備されている付せん紙に、記名したうえで意見・質問を書き、掲示板の指導案に貼りつける。

③授業者は、指導案に貼りつけられた意見・質問を研修主任と確認し、気になる質問・意見を選び出す。

④研修主任は、授業者を連れて気になる意見・質問を書いた教師を放課後に訪ね、簡単に話し合いをしてもらう。

⑤授業者は納得できた意見をもとに指導案を修正し、研究授業の前日までに指導案を全職員に印刷・配付する。

これで、事前検討会という会議をなくすことができ、授業者の主体性を尊重できるようになります。すなわち、自分の授業に対して責任を負えるようになってはじめて、その授業者は問題意識をもって指導を改善しようとする主体性を発揮できるようになるのです。

8 「これまでの授業研究会のあり方」をやめる

ヒリヒリするような緊張感のなか、授業者は研究授業の当日を迎えます。そんな授業者にこそ、「授業をしてよかった」と感じてもらいたいと願っていました。そこで、いくつかの手立てを講じることにしました。

その一つが、参観者に配付する「授業参観の視点（例）」（**資料4**）です。数枚の3色の付せん紙を貼りつけておきます。

その視点に基づいて授業を参観してもらうことで、意図的に範囲を絞り込んで情報を集めることが可能となります。

また、参観者には、質問や意見を授業終了までに付せん紙に記入しておいてもらい、授業会場から退室する前に集めておき

資料4　授業参観の視点（例）

授業参観の視点（例）

日　時：令和○年○月○日

授業者：□□□□

視点1　**子どもの発表形態は適切だったか。**

・ポスターセッション形式の発表形態を取り入れることで、どのような学習効果が期待できるのか？

・聞き手にメモをとらせる時ととらせない時では、指導上どんな違いがあるのか？

視点2　**話し手と聞き手への教師の指導は、適切だったか。**

・発表者（話し手）への指導には、具体的にどのような方法があるのか？

・聞き手への指導は？

視点3　**その他**

ます（**資料5**）。

集めた付せん紙は、後の協議会までに研修主任が内容を確認しながら分類して印刷・配付し、事後研究会の資料とします。

資料5　付せんの書き方

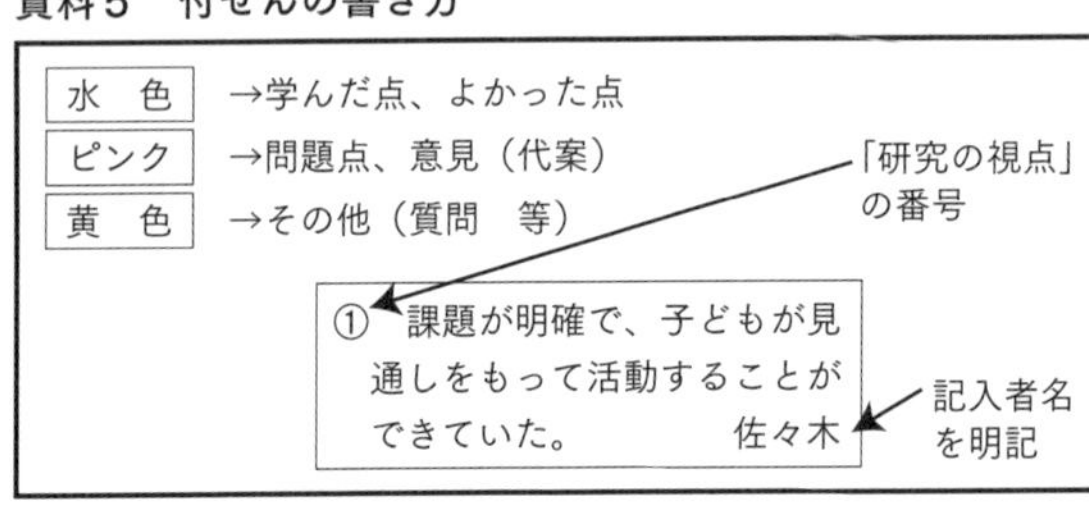

事後の協議会の前には、授業者と研修主任とで打ち合わせをしておきます。授業者は、分類された付せん紙に書かれた内容を読み、参観者の「誰」が、どんな「考え」をもっているかを確認します。

次に、研修主任と話し合いながら次の4つのチェックポイントに基づいて質問や意見に対する自分の考えを整理し、事後の協議会の進め方についての見通しを立てます。

［A］　多く出されている意見は何か。
［B］　必ず取り上げたい意見はどれか。
［C］　同じ意見をもっているのは誰と誰か。
［D］　意見が対立しているのは誰と誰か。

これまでの授業研究会をやめて、このような方法を取り入れられれば、授業者は安心感をもって事後の協議会に臨むことができるようになります。

9「これまでの事後の協議会のあり方」をやめる

いよいよ事後の協議会です。新たに取り入れることにしたのが「授業者が司会を務める」です。授業者の意図とは違う方向に話し合いが進められてしまうことを防ぐのが目的です。

研究授業のみならず、協議会の責任をも授業者が負うことになるので、その分プレッシャーも大きくなりますが、それ以上に授業者自身が協議会を進行できるようになります（ちなみに、筑波小で行っている6月と2月の学習公開においても、事後の協議会の司会者は授業者です。協議会をコーディネートする力もまた、教師の力量の一つだと考えているからです）。

また、事後の協議会では、「授業者の自評」からスタートするようなことはしません。自評からはじめると、参加者の質問や意見に対してあらかじめ釘を刺すことになりかねないからです。それでは、話し合いが活発になりにくくなります。

そこで、いきなり話し合いに入り、最後に授業者に自評してもらいます。そうすることで授業者は、参観者の話し合いを踏まえて自分の考えを述べられるようになり、無駄な（ときに弊害でさえある）反省の弁を述べなくても済むようになります。

参観者による話し合いにおいては、事前に研修主任と打ち合わせを済ませておいたチェックポイントに基づき、まず［A］か［B］とした付せん紙の内容を、次のように質問形式で取り上げます。

「○○先生のご意見は多くの先生方も賛同されていましたが、もう少し詳しくお話していただけますか？」

ここで注意したいのは、話し合いが参観者と授業者との一問一答式にならないようにすることです。授業者はできるだけすぐに自分の考えを話さないようにするのですが、このときに役立つのが、［C］（同意見）と［D］（反対意見）です。

「□□先生も同じ考えのようですが、いかがでしょうか」

「△△先生は違う考えをおもちのようですが、いかがでしょうか」

というふうに、参加者同士で協議できるようにコーディネートしていくわけです。

参加者の考えがある程度出てきたところで、授業者はそれぞれの「質問」に答えながら、自分の考えを述べていきます。

また、授業者から、参加者に質問することもあります。

「◎◎先生は、発問がわかりにくかったというご意見ですが、具体的にどのように問えばよかったとお考えでしょうか？　具体例を示していただけると助かります」

問うことは問われること、評価することは評価されることです。このように表裏一体であることを参観者に意識づけることで、無責任な意見を減らし、具体的な代案を参加者から引き出せるようになります。

授業者は、教材研究の過程で練り上げてきた自分なりの「枠組み」を頭のなかにもっています。その「枠組み」は、多くの情報と情報間の意味づけ・関係づけによって成立しているものですが、不安定な状態にある（確信には至っていない）のが常です。

ここにも授業者が司会進行を務めることのメリットがあります。自分の気になる情報を参観者から引き出すことができるので、自分のなかで不確実だった情報を明らかにすることができるからです（自分にとって不必要な情報を捨象し、必要な情報の確実性を高めることができます）。結果、協議を通してより安定した「枠組み」をつくり上げていけるわけです。

最後にもう一つ、つけ加えておきたいことがあります。それは、校長先生や副校長先生（教頭先生）、さらには指導主事等の指導助言者に、どのように協議会に参加してもらうかです。

なかでも指導主事は、（協議の最後の「ご指導」の時間に登場してもらうのが一般的だと思いますが）指導助言者なのですから、協議そのものにも参加していただきましょう。そのつど論点を整理してもらうだけでも有益です。

さて、協議会が終われば「みなさん、お疲れさまでした」となるところですが、授業者には大切な仕事が残っています。それは、協議会を経て自分が納得できた意見をもとに、指導案を修正することです。

10 「研究紀要・研究集録の作成」をやめる

各学校の研究公開に参加すると、集録や紀要が配られます。まとめるだけでも膨大な時間、労力、予算が注がれているに違いありません。参観者としても、安いとは言えない参加費を払って手に入れた資料です。ただ残念ながら、参観者はもとより、研究成果を披露した先生方も、日を改めて読み返すことはあまりないのではないでしょうか。

そこで、「集録や紀要などはつくらない」と割り切ることにしました。その代わりに、ポートフォリオとしての機能を高め、研究履歴がわかるように時系列にファイリングする形式に改めたのです。さらに、教材研究の過程で作成した資料や教材なども一緒に綴じ込んでおけば、後から使える資料集として活用できるでしょう。

「校内研修は教師自身の修養だ」とみなすならば、第三者（読み手）を想定しないまとめ方も、ひとつの方法になり得ると思います。

11 「多様な授業研修会」をはじめる

研修計画の立案に当たって、「①研究」と「②修養」が共に補完し合える目標にすることの重要性についてはすでに述べたとおりです。ここでは、46頁に挙げた目標の実現を目指す研修のバリエーションを紹介します。

〈ゲリラ型の授業研修会〉

ある程度以上の学校規模ともなると、校内で自分が研修授業を行えるのは数年に1回といったところではないでしょうか。まして若い教師ともなれば、自分の番がなかなか回ってこないこともあるはずです。

そんな様子を見ていて思いついたのが、「研究授業をしたい教師が気軽にできるゲリラ研修会」です。これは学校の研修計画には入れない、自由な学びの場として設定しました。このゲリラ型は、研究授業ではなく、いわば研修授業だといえます。

希望する教師は、研究主任に相談して授業日を決定します。授業日の朝、授業者は指導案を印刷して先生方の机上に配ります。指導案はA4版1枚（表のみ）で、「本時の目標」と「本時の展開」だけの略案です。

参観を希望する教師は指導案を読んだうえで授業を参観します（自由参加が基本ルール）。

さらに、授業時間のすべてを参観する必要はなく、都合がつく時間帯のみ、自分が興味のある部分のみの参観もありです（可変ルール）。

授業を行った放課後、授業者と参観者のみで事後の協議会を開きます。堅苦しいルールは抜きにして、授業者の進行でざっくばらんに語り合います（雑談のような感じでＯＫ）。記録を残すか残さないかも、授業者次第です。

物事の「質」が上がるには、それに見合うだけの「量」が必要です。しかし、漫然とこなしているだけでは「質」の高まりを期待できません。授業も同じです。教師は年間千時間ほどの授業をしていますが、年数を重ねれば自然と授業の質がよくなるわけではありません。

授業の質を着実に上げていくには、次の三つの取組を繰り返し積み上げていくほかないと私は考えています。

①指導案を書く（教師自身の言語活動そのものです）
②他者に自分の授業を観てもらう。
③他者から意見をもらう。

①〜③は、いずれも「量」にかかわることであって、「質」を問題にしていません。このことからもわかるように、研修授業は①〜③に裏づけられた「量」です。

ちなみに、研修授業の適量（目安）は100回で、そのあたりを越えたころから、これまでまったく見えていなかった授業の新しい世界が、（視界がパッと開けるように）突然見えてきます。

これは、授業における数少ない真実の一つです。

〈ショート授業研修会〉

子どもたちの学習においては「単元のまとまりを通じて、授業を問題（課題）解決的にすることが大切だ」と言われます。確かに、そのとおりです。その一方で、日ごろの学習指導では、ドリルや練習問題を使用した「機械的学習」も行うし、子どもに正しい情報（知識）を伝える「有意味受容学習」も行います。つまり、組み合わせが重要で、さまざまな指導法を用いて補完し合うことで、子どもの学習は成立しているわけです。

それに対して、年に数度しかない校内研修会で公開される授業は、発見学習をベースにした「問題解決的な学習」が多いでしょう。日ごろの成果を1時間の授業で表現するというとき、目玉となる指導法が求められるのは自然なことです。

この点に着目し、ショート授業研修会では、日ごろの学習指導を扱います。ベテラン教師に協力を求め、通常の校内研修では取り上げられない、次のような指導場面を公開してもらいます。

●朝の会や帰りの会のもち方
●宿題の出し方
●テストの返却方法
●漢字指導

日ごろ教師が当たり前のように行っているこうした指導は、各自に任されていますから、自己流になりがちです。それはそれでよいのですが、ベテランの先生方の方法を目にすることができると、自分との違いや足りないところがよく見えてきます。

ただし、提案してくださる先生にとっては王道ともいえる指導法なのかもしれませんが、「こうしないとだめですよ」などとベテラン教師の考えを押しつけることはしません。ただ参観させてもらうのがショート授業研修会を成功させるコツです。

〈教材選定研修会〉

保護者から徴収したお金で市販テストやドリル等の教材を購入している学校は多いと思います。必要があってそうしているわけですが、もし保護者から、「どんな基準でその教材を選んだのですか？」などと尋ねられることがあれば、教育的な見地から教材の選定基準をきちんと説明できなければならないと思います。

そこでまず、私自身がどうしてきたのかを振り返ってみます。

年度はじめに教材を選定する際、同学年の先輩の先生方から必要なノウハウを聞きながら少しずつ学んでいました。使用方法についても同様です。しかし、そのころに学んだことが本当に正しかったのかと問われると、あまり自信をもてません。

というのも、対外的な研修会はもちろん、校内の研修会でも、教材の選定基準を教わった覚えはないし、市販のドリルやテストを使った研修授業などに出合ったこともなかったからです。

こうしたこともあって、「教材選定研修会」を企画しました。春休み中に見本教材を体育館に並べ、各社の教材を見比べながら学年で選定する研修会です。その後、どのような理由で選定したのか、学年ごとに具体的に説明してもらいます。

この試みは本当に勉強になりました。

たとえば国語科の「理解」領域のテストであれば、記述式の設問がほとんどです。記述式だと、答えの仕方が子どもによって違いが生じます。そうした違いをどう採点すればよいか、担任の主観的な基準だけでは採点できません。非常にむずかしい課題です。こうした点を踏まえ、学級によって採点基準がバラバラになりにくいテストが選ばれました。保護者はわが子のテストの点数に敏感ですから、余計な不公平感をもたせないようにすることが目的です。

算数のテストやドリル教材を選定する際には、当時、筑波大学附属小学校の坪田耕三氏が、『算数授業研究』初等教育（1997年創刊号）のなかで述べられた「文章問題の提示の仕方」を話題にしました。

第1文は「状況」を示す。例えば『子どもが砂場であそんでいます』とこれだけである。

そして、第2文と第3文に分けて「条件」を示す。例えば「5人あそんでいます」「そこへ、3人やってきました」という具合である。

教科書には、この第1文がない。子どもは初めから、途端に算数の問題の条件を言われるのである。頭の中では、どんな子どもかな、どこにいるのかな、何をしているのかなといった余分なことを考えているのである。

これをみんな同じイメージにしてやる努力がないまま問題の解決を迫ろうとするのは授業としては間違っている。具体的なイメージを共通にしてやりたいものである。

条件の部分もできれば、一つ一つ区切った文がいい。「子どもが5人いるところへ、3人やってきました」とすれば、1文で決まるが、これは大人の発想であり、無味乾燥な数学的な表し方過ぎて、授業にはなじまないのである。

そして、最後の第4文に「求答」の事項を添えるのがいい。「ぜんぶで何人になりましたか」と言うのである。

この坪田氏の考え方を念頭に入れて教材会社の設問を見ると、確かに「一文一義」となっている文章問題を見つけることができました。同じ単元で各社のテスト問題を比較することで、それぞれどのような工夫が凝らされているのかが見えてくるのです。

このように、テストやドリルの教材は、教材会社ごとの独自のロジック（理論）に基づいて作成されています。私たち教師もまた目の前の子どもたちの実感に基づいて意図的に授業をつくっています。そうとらえれば、教材そのものの「よし・悪し」ではなく、自分が受けもつ子どもたちに「合う・合わない」という観点から教材を見比べれば、適切な教材を選定できるようになるでしょう。

ここまで述べてきたように、先生方にとって学びがいのある校内研修会を目指し、さまざまなチャレンジをしてきましたが、いずれも若い教師にとってはハードルが高いものでした。

〈校内研修サークル〉

経験年数が浅いうちは、自分が疑問に思ったことがあっても、先輩教師の前で発言するのは抵抗感があります。〝自分の疑問は的外れなんじゃないか〟〝勉強不足で自分が知らないだけなんじゃないか〟などと、ついつい考えてしまうからです。

そこで、月1回、校内研修サークルを立ち上げることにしました。ただし、勤務時間外となるので、あくまでも自由参加です。私は管理職の許可を得て、さっそくチラシ（**資料6**）を作成して先生方に配付しました。

ところがです。「サークル活動をやめさせてほしい」と、校長へ直談判した先輩教師がいらっしゃいました。

「私もできることなら参加したいが、家庭の事情で参加できない。それでは不公平です。研修を行うなら、全員が参加できる勤務時間内にしてほしい」というのです。

確かに一理あります（働き方改革が叫ばれる今日であれば、なおさらそうかもしれません）。しかし、私は反対の声を押し切って校内研修サークルを立ち上げることにしました。有志による勤務時間外の活動だということもありましたが、何よりも、自分が参加できないからという理由で、若い先生方の学びの場を潰されることに納得できなかったからです。

実際にはじめてみると、若い先生方の多くがとてもおもしろがって参加してくれました。終了後の会食の席でも熱く議論したものです。

ある日のことです。ある先輩教師が校内研修サークルの会場に訪ねてきました。

資料6

校内研修サークルを立ち上げよう！

校内研修の機能を高める……と、言葉でいうのは簡単なのですが、本校の場合、職員の数が多く、校内研修の時間内に（勤務時間内に）、自分の課題や実践に対して納得するまで研修を深めることは、物理的になかなか難しいものがあります。

まして、課題は同じであっても、解決するための方策は一人一人違うことも少なくありません。

そこで、提案です。
校内研修サークルを立ち上げましょう。

1　開催日　毎月第２水曜日（月１回）　18：00～20：00
2　場　所　理科室（コンピュータルームも近いし）
3　参加資格　本校の職員であること
4　内　容　子どもの学力を高め、学ぶ意欲を高めることに関係すること（結局、教科・領域を問わず何でもありということ）
5　ルール
①　集まった順番が、そのまま検討の順序となります。
②　参加することに意義があります。（でも、何でもいいからなるべく資料を持参できるようにしましょう。）
③　できるだけ、演習形式で行います。
④　司会はしばらくの間佐々木が務めますが、その後、輪番制にしましょう。
⑤　サークル終了後、都合のつく方はそのまま飲み会に突入します。（ここでの話は、特におもしろいこと以外は、お仕事の話が中心です。基本的に一次会で解散です。）

「私も事情があって参加できないけれど、やっていることはとってもいいことだから、がんばってね」そう言うと私に、差し入れのおにぎりを手渡してくれました。

涙がこぼれそうになるほど嬉しかったことを覚えています。そして、心の底から〝自分もいつか、こんな先輩になりたい〟と思ったのでした。

〈オープン授業研修会〉

自分たちの実践を対外的に公開しようと思ったら、一般的には校長を通じて文部科学省や教育委員会の研究指定を受けるべく奔走することになるでしょう。しかし、オフィシャルの研究指定校ともなれば、授業を公開し、実践を通した成果・課題等の発表が義務づけられます。学校にとっては大がかりなプロジェクトですし、何より先生方がたいへん大きなプレッシャーの渦中に置かれることになります。

〝他校の先生方にも自分たちの実践を見てもらいたいけど、そんなふうにはしたくないんだよな〟と思っていた私は、もっと気軽に自分たちの授業を公開できないものかと考えていました。

そんな矢先のことです。プロ野球の「オープン戦」の様子を中継していたテレビニュースを目にして、思いついたのが「オープン授業研修会」でした。

プロ野球の「オープン戦」の正式名称は春季非公式試合で、本番となるリーグ戦でよいスタートを切るために、チームや選手が調整を図る場です。この気軽さを取り入れようと考えたわけです。

実施方法は簡単で、研修会案内のチラシを地域の学校に送付するだけです。午後の授業を公開し、事後の協議会を開催します。授業だけの参観もありです。校内の正式な研究授業に向けた非公式の調整というか、先生方の度胸試しのようなものです。他校の校内研修の情報も入りますし、場数を踏むよい機会にもなります。

教師の主体性を高める共同研修

組織には、「機能体」と「共同体」があると言います。

「機能体」とは、外的な目標を達成するために多発的につくられた組織です。具体例を挙げると、プロ野球チームが典型です。試合に勝つことが主たる目的であり、チームメイト個々のレベルアップが要求されます。ときとして野球を楽しむことが強調されることもありますが、それも含めて「試合に勝つ」という明確な目標達成のための方法的・手段的な位置づけとなります。

それに対して、「共同体」とは、構成員の満足欲求を満たすために自然発生的に集まってできた組織です。

具体例を挙げると、野球同好会がこれに当たります。「野球を楽しむこと」が主たる目的であり、構成員相互の「和」が強調されます。練習試合をしたり大会などに参加したりもしますが、それは野球を楽しむための方法的・手段的な位置づけになります。

この二つの組織体の特徴を踏まえ、ここでは学校組織について考えてみたいと思います。学校組織は、「機能体」でしょうか、それとも「共同体」でしょうか。

実を言うと、(プロスポーツ・チームのような目的指向性が強い組織でもない限り)たいていの組織は、「共同体」と「機能体」の双方の特徴を併せもちます。そのため、状況に応じて両者をフレキシブルに使い分けることで、組織運営を健全化しようとします。本来であれば、学校組織も同様であるはずです。

しかし、現在の学校は、あまりにも共同体化しすぎてしまっているように思います。「和」を重んじるあまり、若い先生方に対しても厳しい指摘を行いにくくなっていたり、自分たちが掲げている目標がお題目と化して校内研修の形骸化をもたらし、評価もあいまいになっていたりするように感じられるからです。

そこで、今後は、端的であり、達成可能であり、評価可能なわかりやすい目標を設定し、その実現に向けて子どもの指導にあたり、その効果を適切に評価するといった、「機能体」のよさをより重視すべきだと私は考えることにしました。

ただし、学校組織を「機能体」に振りすぎると、今度は成果主義に偏り、組織内の緊張状態が不必要に高まり、結果として教師のモチベーションを下げてしまう怖れもあります。そうなれば、教師の主体性もまた発揮されません。

そこで、（なあなあで事をやりすごすような「共同体」ではなく）構成メンバーが抱える課題を相互に補完し合える「共同体」としての運営を併せて機能させていかなければなりません。

そのためには、研究授業に挑戦した若い教師が、自分自身の向上的な変容を自覚できるよう、ベテラン教師がバックアップすることも欠かせないでしょう。教師一人一人の個性を認め、生かしながら、自分たちの指導理論を帰納的、組織的につくり上げることも必要です。そうなってこそ「共同研修」本来の姿に近づきます。

このように、「共同体」だけではダメで、「機能体」も大事なのです。この双方のバランスがとれたとき、学校という組織は新たなフェーズへと発展させていくことができるのだと思います。

もし自分たちの勤務校の校内研修が形骸化していると感じられるのであれば、そこから脱却するために、教育のプロとして、課題の解決に向けて戦略的・戦術的に考え、組織的な実践を積み重ね、「子どもの姿」という事実を集積していくことの重要性に目を向けるべきだと思います。

＊

実を言うと、これまで述べてきた校内研究の改革については、地元の教育委員会のご不興を買っていました。教育委員会の方針を無視することもありましたから、「好き勝手なことばかりする学校だ」など思われていたことでしょう。実際、校長・教頭が教育委員会まで出向いて釈明しなければならないことが、たびたびあったくらいですから。

そんな状況を心配に思った私は、校内人事が発表される年度末、当時の校長に次の提案をしました。

「管理職の先生方にご迷惑をおかけしているようなので、お話があります。来年度は研究主任を外していただいても結構です。しかし、もしも私が研究主任を続けるのであれば、いま進めている改革方針を変えるつもりはありません。いかがでしょうか？」

すると、校長はこう言い切ったのです。

「その心配は無用です。管理職である私たちが背負うものだから、佐々木先生が気に病むことではありません。だから、あなたを研究主任から外すつもりもありませんよ。やりたいことをやりなさい」

その瞬間、自分の身のうちに新たなパワーがみなぎるのを感じました。のみならず、研究主任の仕事を**自分たちの力で楽しくする**舞台を支えてくれていたのは、ほかならぬ管理職の覚悟なのだと私は気づいたのです。

第３章

子どもたちが主体性を発揮できる学級づくり

本書を執筆するに当たり、これまで担任していた学級の記録（学級通信）を読み返してみたのですが、そこでも子どもたちに対して主体性を求めるメッセージをたくさん見つけることができました。どうやら（当時はあまり意識していなかったかもしれませんが）「学校は楽しいところじゃない。楽しくするところだ」というのは、私の学級経営の根幹でもあったようです。

楽しくしてきなさい

当時、担任していた5年生の子どもたちと、山梨県北杜市の清里へ合宿に行ったときのことです。初日のハイキングと野外調理も2日目の登山も、天候に恵まれたこともあり、計画どおりに活動を進めることができました。子どもたちも、実に楽しく元気に参加していました。

ところが、3日目はあいにくの雨。この日は、「自由行動」（グループごとに子どもたちが計画）を予定していただけに、子どもたちの落胆ぶりは相当でした。朝食の席でも表情が暗く沈んでいるのが見て取れました。

そんな子どもたちに対して、私は次の話をしました。

今日は、あいにくの雨。でもね、自由行動から帰ってきたとき、「つまらなかった」とみなさんが思ったのなら、それは雨のせいでもなければ、同じグループの友達のせいでもありません。そう思ったみなさん一人一人の責任です。

だって、同じことをしていても、楽しいという人もいれば、楽しくないという人もいるでしょ？　同じ芸能人でも、嫌いな人もいれば、好きな人もいるでしょ？「楽しい、つまらない」とか「好き、嫌い」というのは、そう口にしている人の心のなかにあるものなんです。

雨のなかの自由行動、一生懸命みんなで協力し、楽しくしてきなさい。

その瞬間、子どもたちの表情に光が差し込んだかのように見えました。すぐにグループごとに集まり、「雨の日の自由行動をどうすれば楽しくできるか」について、子どもたちは話し合い出しました。

計画変更の結果、体験活動を予約していたお店を訪ねる時間を変更しなければならないグループや、キャンセルするグループもありました。そうした電話連絡が終わると、雨のなか、どの子も元気いっぱいに出発していったのです。

私は早めに合宿所に戻り、子どもたちが帰ってくるのを待っていました。雨のなかの自由行動を本当に楽しくすることできたのか、正直なところ心配だったのです。

しばらくすると、あるグループの一団が帰ってきました。私は恐る恐る（と言っても、そう気取られないように）「雨の自由行動を楽しくできましたか？」と尋ねました。

すると、子どもたちは自信たっぷりの表情で「楽しかった！」と言います。

すかさず私は言います。

「いえ、みなさんは『楽しかった』のではありません。一人一人協力したおかげで、『楽しくした』のですよ」

どのようなときでも不平や不満はあるものです。ましてコロナ禍のような状況に身を置かれれば、なおさらそうでしょう。だからこそ「楽しくする」という主体性（心の自立・自律）は、子どもにも教師にも求められるのだと思えてなりません。

そして、「楽しくする」という教師の主体性と子どもの主体性が掛け合わされたとき、教育活動はダイナミックに展開され、かけがえのない学びになるのだと思います。

子どもとの契約「め・け・さ・じ」

新しい年度を迎えると、決まって次のように質問してくる子どもがいます。

「先生、〇〇をしてもいいですか？」

学級では、生活上の基本ルールが整備されない限り、どんな些細なことでも聞いてきます。「どんなことならしてもよいか（してはいけないか）」がわからず、戸惑っているからです。

そこで私は、学級担任時代、子どもたちと必ず「契約」（約束）を交わしていました。それが「め・け・さ・じ」です。

【め】めいわくをかけない。

【け】けがをする（させる）ような危ないことをしない。

【さ】差別して友達を悲しませない。

【じ】時間・時刻を守る。

この契約を交わした後、私は次のように伝えます。

「みなさんが『め・か・さ・じ』のどれか一つでも破ったら、先生は叱らなければなりません。でも、ちゃんと守るならば、何をやってもかまいません」

たとえば、「折り紙で遊んでいいですか？」「窓を開けていいですか？」「カーディガンを着ていいですか？」といった、子どもたち個々の判断に委ねてもいいレベルの質問であっても、次のように問い返します。

「それをすると、『め・け・さ・じ』のどれを破ることになりますか？」

質問してきた子どもといっしょに、「め・け・さ・じ」を破ることになるかを考えるわけです。破っていないことを確認し合えたら、「だったら、自分で決めていいんじゃないですか？」と言って、子どもの自発的な行動を促します。

そうしていてもなお、「～していいですか？」と繰り返し聞いてくる子もいます。そのような場合には、次のように優しく切り返します。

「じゃあ、先生が決めちゃっていいですか？」

この問いに「だめ」と答えるならば一緒に考え、「いい」と答えるならば「じゃあ、やっちゃだめですね」と優しく言います。これも自発的に考えることを促すのが目的です。

このようなやりとりを積み重ねていくと、「～していいですか？」と繰り返していた子も、「やっぱりいい、自分で決める！」と言い出すようになります。つまり、日常的に起きるさまざまな問題に対して子どもが自分で考え、自らの判断で行動できるようになっていくわけです。結果、担任教師である私が一方的に決める場をどんどん減らせるので、指導も楽になります。

学級崩壊にはさまざまな要因がありますが、その一つに挙げられるのが、教師の指導に一貫性がないことです。この問題を回避してくれるのが「め・け・さ・じ」です。

そもそも、子どもがする「悪さ」に当てはまるように設定したのが、「め・け・さ・じ」です。そのため、たとえ自分の「悪さ」に気づいていない場合でも、「あなたは、『め・け・さ・じ』を破ってはいませんか？」と問いかければ、子どもの表情は一様にハッとします（自分の過ちに気づきます）。また、自分が過ちを犯した（かもしれない）ことについて自分で考えようとする態度が身につけば、たとえ叱られても子どもは納得してくれます。

ただし、（子どもが自分で考え判断することを促せる）「め・け・さ・じ」であっても万能ではありません。ときには失敗することもあります。もちろん、私自身の失敗です。

私がはじめて1年生を担任したときのことです。入学して間もないある日、朝早く登校していた男の子と女の子数人が何やら揉めています。教科書等をランドセルのなかに入れたままにしておくのがよいか、それとも机のなかに仕舞うのがよいかで、男の子と女の子の意見が分かれてしまったのが原因でした。

どちらがよいかについては、すでに子どもに説明していたことでした。そこで私は「前にどうするか言いましたよ。よく思い出してみて自分たちで決めてごらん」とだけ話し、子どもの判断に委ねることにしたのですが、これがいけませんでした。

その日の夜、たくさんの保護者から不思議な電話がかかってきます。みなさん口々に、「うちの子のランドセルのなか、何も入っていないんです」と言うのです。

次の日、子どもたちに確かめてみたところ、教科書等はすべてランドセルから出して机のなかに入れておくことで話が決まったというのです。それ自体はよいのですが、いつの間にか「机のなかに入れっぱなしにする」という解釈にすり替わったようです。

〝詰めが甘かった…〟と私は思いました。子どもたち全員の前で、「下校するときにはランドセルに入れてもち帰る」というところまで確認すべきだったのです。

さて、保護者から電話を受けた際は恐縮しきりだったのですが、みなさん「我が子が空っぽのランドセルを背負って帰ってきたんですよ」と笑いながら話してくれました。そのおかげで翌日、空っぽのランドセルを背負って登校してきた子どもたちを迎えて、私も大笑いできました。すると、子どもたちも大笑い。そんな笑いのなかでの子どもたちとの話し合いでした。

この日以来、学校に教科書やノートを置いて帰る子はいなくなりました。

何ごとも問題が起こらないに越したことはありません。しかし、どれだけ教師が注意深く対応していても、共に学校生活を過ごしていれば、必ず何かしら起きます。だからこそ、起きてしまったことを嘆くよりも、子どもにどう乗り越えさせたらよいかを考えられるようにすることが大切なのだと思います。

加えて、（昨今ではむずかしいことだと承知のうえで言うのですが、それでもなお）保護者と教師の心に余裕のある信頼関係が重要であることを学んだ一件でした。

自立への基礎を養う「アサガオ」の栽培活動

ある研修会に参加したときのことです。生活科におけるアサガオの栽培活動の多くが、『支援』という名のもとに『活動あって学びなし』の状況にある」という話を聞きました。

その話を受けて、自分の授業を振り返ると、およそこんな感じでした。

「ある日突然、アサガオの種をまき、水やりをはじめる。教師の指示で一斉に支柱が立つ。栽培活動の過程で絵日記風の観察記録をとり、花が咲けば色水遊びをしたり、押し花をしたりと活動を広げ、最後に種を収穫して活動は終了となる」

私は、「このような活動のなかに、生活科の趣旨に沿ったリアリティーのある問題解決の過程はあったのか」と改めて考えてみたのですが、〝それ以前に子どもの側の必然性や必要感を高めていたとは言いがたいな〟という思いに至りました。特に、生活科の指導で大切にされる「人との交流」が希薄であったことも否めませんでした。

そこで、次の点を実現することを決意しました。

●アサガオを育てる過程において、子どもの活動の必然性・必要感を高める。

●家族との交流を含めた人との交流を通して問題を見いだし、解決しながら展開していく。

私は、子どもたちが「なぜ水やりをするのか」「なぜ支柱を立てるのか」「なぜ追肥するのか」を考えながら、自分たちの活動に必然性や必要感を感じ取れるようになれば、子どもの「自立への基礎を養う」ことができると考えたのです。

紹介できる活動場面は限られますが、私の行った生活科の指導事例を紹介します。

1　どうして植木鉢に棒を立てるの？

種まきしたアサガオの種子が発芽し、双葉（子葉）が出てきました。続いて本葉が顔を出し、少しずつツルが伸びはじめます。他の学級の植木鉢を見ると、鉢の一つ一つに長い棒が立っていることに気づいた子が「先生、あの棒なぁに？」と聞いてきました。私は、「いったい何だろうねぇ」と返しました。

しばらくすると、「ぼくも棒がほしい！」とお願いに来る子が現れました。それに対して私は、「棒がないと困ることがあるの？」と言ってみます。しかし、どの子も私の質問に答えることができません。

植木鉢から出たツルは、日を追うごとに鉢の横へ横へと伸びていきます。隣の友達のアサガオに巻きついてしまい、ちょっとしたトラブルが起こりはじめます。すると、「棒を立てれば友達のアサガオに巻きつかない」と説明し出す子どもが現れます。家庭でアサガオを育てている子です。だんだんと、「何のために棒（支柱）が必要なのか」（情報）が少しずつ子どもたちに広がっていきます。

並行して、「隣の学級では鉢に棒が立てられている」と保護者に相談して、家族から情報を得る子どもも現れます。なかには、祖父母に電話して、さらに情報を得ようとする子どもも現れます。

子どもたちは学校に来ると、自分が知ったことを友達に話をします。担任である私にも、得意げに棒が必要である理由を話してくれます。この時点で、子どもたちのほとんどが、「棒がないと困ることがあるの？」という私の質問に答えられるようになっていました。

「じゃあ、棒を立てようか」と言って支柱を手渡すと、子どもたちは大喜びです。支柱にツルがうまく巻きつくように、真剣なまなざしで上から見たり横から見たりしながら支柱を立てる位置や長さを調整していました。

このときに行った指導の意図は次のとおりです。

●自分が新たに知ったことは「友達にも教えてあげてね」と働きかける。
↓鉢に立てられた棒に関係した情報が、子どもから子どもへと伝わっていく。

●種まきの期日を他のクラスより1週間ほど遅くする。
↓他の学級のアサガオの成長の姿は、自分たちの未来を示すことになり、逆に、自分の学級のアサガオの成長は、他の学級の子どもたちにとって過去を示すことになる。

なかには、私に頼らず、家から棒をもってくる子も現れます。それはそれでよいことです。大切なことは、支柱を立てることの必然性や必要感を、アサガオの成長の事実をもとにして子どもたち自身が理解できるようになることです。これはまさに、生活科の「生活化」だといえるのではないでしょうか。

2 どうして大きくならないの？

一度は友達のアサガオに巻きついたツルも、支柱に巻き直しながら順調に育っていたのですが、しばらくすると、自分たちの学級だけ花が咲かないことに子どもたちは気づきはじめます。

実は種まきの際、私は意図的に（「もと肥」は土に混ぜたものの）追肥のための肥料を渡していませんでした。それが原因で花が咲かないわけです。茎・葉の成長には、「もと肥」に多く含まれている窒素が必要ですが、開花するには、追肥する肥料に多く含まれているリン酸が必要です。不足すれば花芽ができにくくなるため、なかなか花が咲きません。

不安になった子どもたちは、さまざまな行動に出はじめます。日向のあたたかい場所を探して植木鉢を動かす子ども、水をたくさんあげる子どもなどです。しかし、やっぱり花は咲きません。

その様子を見取って、私は子どもたちに次のお願いをしました。

「どうして花が咲かないのか、お家の人にも聞いてきてくれませんか？」

実は、このお願いには布石があります。保護者会の折に、「追肥のための肥料を渡さないこと」「なぜ渡さないかの意図」（アサガオの指導計画）をあらかじめ伝え、理解と協力を仰いでいたのです。

しばらくすると、（支柱のときと同様に）学級内で肥料に関する情報が飛び交いはじめます。その後、肥料をもち寄った子どもたちは、あっという間に花を咲かせることに成功しました。

3　再チャレンジ！

このようにしてさまざまな「問い」が生まれ、課題を解決する過程で子どもたちは必然性と必要感をもって学んでいくことができました。ただ、私の行った意図的な仕掛けのせいで、困ったことも起きます。

実は、アサガオにも「臨界期」があるらしく、一気に成長する決まった時期を逃すと、その後に追肥したとしても花があまり咲かなくなるらしいのです。その影響だろうと思うのですが、私の学級の子どもが収穫できたアサガオの種の数は、他の学級に比べてとても少なかったのです。来年度の1年生にプレゼントする種は確保できたものの、手元にはほどんど残りませんでした。

そこで、もち上がりで2年生に進級した春、子どもたちに次の提案をしました。

「1年生のときにアサガオを育てたけど、種があまりとれなかったでしょう。そこで、もう一度チャレンジしてみませんか？」

この提案に、子どもたちは乗ってきました。

まず、1年生と同じ日に種まきをしました。1年生たちの活動を実際に見せながら、私は「1年生よりもたくさんの花を咲かせ、たくさんの種をとることができますか？」と問いかけました。すると、「絶対にできる！」と口にする子どもたちの表情は自信満々です。

アサガオの種まきの次の日には、Aさんが次の日記を書いてきました。

ぼくは、さいごまでぼうを立てなかった。そのほうが、よこにのびると思ったからだ。でも、今年はもうぼうをさしているので、どんどん上にのびてくれると思う。

朝顔は、太ように近づこうと上にのびたいみたいだ。

ぼくが朝顔をおいたばしょは、うさぎ小屋のとなりです。そこは日当たりがよいからです。しょくぶつには、①日ざしと②水が大切だからです。

今年のぼくの目ひょうは、お花を二十こと、たねを八十こ以上とることです。（Aさん）

前年度の経験が生かされていることがわかります。

この子が言うとおり、どこに植木鉢を置くかは、子どもたちにとってたいへん重要な課題となりました。朝、日向を見つけて植木鉢を置くのですが、お昼ごろになると日陰になっていることに気づき、慌てて植木鉢を移動している姿を何度となく見かけました。このようにして、「(動いているのは地球のほうですが、子ども視点で) 太陽が動くと日向の場所も変化する」ことを、子どもたちは気づいていくのでした。

さらに、アサガオを育てるための知識が不足していることに気がつくと、家族の助けを借りながらさまざまな人的リソースを活用しはじめます。

ぼくは朝がおのそだてかたを知らなかったので、お母さんに教えてもらうまでひりょうを早くあげなければいけないことに気づかなかった。昨年、しっぱいしたことで色々なことを学んだ。

そこで、お花やさんにきいてみることにした。

(Bさん)

あさがおには、どんな「えいよう」をあげるのか、しらべてみた。①お米のとぎじる。②たまごのから。この二つは、きょ年あげた。あまりこうかがなかった気がする。するとおじいちゃんが新しいコツを教えてくれた。

(Cさん)

アサガオが発芽してしばらくすると、子どもたちは1年生が育てているアサガオの様子が気になってきます。ちょくちょく見に行っては、自分のアサガオと比較し、葉の数、茎の太さ、背の高さを数値や絵グラフで表してみるなど、算数で学んだこと（既習）を活用しはじめます。表現のバリエーションがさらに広がっていきます。

2年間に及ぶアサガオの栽培活動でしたが、子どもたちの活動は前の年の活動をただ再現するものではありませんでした。新たな問題解決の場面が生まれ、そのつど新しい工夫を考えながら解決していくことができました。その結果、その年の秋には、1人平均200個を越える種を収穫することに成功したのです。

こうした経験は、5年生の理科単元「植物の発芽と成長」の学習へのよい布石となるに違いありません。

「タヌキ」と「キツネ」の究極の選択

第1章の冒頭では、大人向けの「究極の選択」問題を紹介しましたが、今度は子どもに出した「究極の選択」問題です。この問題も、何かの本で読んだ記憶を頼りに再現したものです。

まず、次のお話をお読みください。

清里の森に、タヌキとキツネが住んでいました。

ある日、タヌキとキツネは、日ごろ悩んでいることを、お地蔵様にお願いすることにしました。

まず、タヌキがこんなお願いをしました。

「お地蔵様、私は泳ぎが得意です。でも、速く走れません。速く走ることができるようにしてください」

キツネは、お地蔵さまにこんなお願いをしました。

「お地蔵さま、私は走ることが得意です。でも、泳げません。泳げるようにしてください」

するとあら不思議、お地蔵さまがしゃべったではないですか。

「タヌキさん、速く走れなくたっていいじゃないですか。キツネさん、泳げなくたっていいじゃないですか。きみたちには、得意なことがあるのだから、その力をもっと伸ばしてごらん」

峠からの帰り道、タヌキとキツネは、お地蔵さまの言葉について話し合いました。

タヌキはこう言います。

「キツネくん、お地蔵様の言うとおりだ。できないことがあってもいいんだよ。ぼくにとって大切なのは、自分のよさをもっと伸ばすことなんだ！」

すると、キツネはこう反論しました。

「ぼくは、そう思わない。ぼくは、できないことをできるようにしたいんだ！」

読み終えた子どもたちに、私は次のように問います。

「あなたは、タヌキの考えに賛成しますか？　それとも、キツネの考えに賛成しますか？」

すると、考えは真っ二つに分かれます。子ども同士の話し合いの後、私は「タヌキの考えもよいと思います。でも、できればみなさんにはキツネであってほしいと思います」と子どもたちに訴えかけます。

私は『世界に一つだけの花』（歌：スマップ）の歌詞（作詞：槇原敬之）がどうしても好きになれません。人はナンバーワンを目指す過程を経てこそ、自分が特別なオンリーワンの存在であるという価値を見つけることができると考えるからです。

ナンバーワンを目指した結果の「ナンバーワンになれなくていい」ならば理解できる

のですが、ことの最初から「ナンバーワンにならなくていい」などと口にするのは、何かに挑戦すること自体を諦めてしまっているように思うのです。

あるとき、水泳の検定試験に落ちた子どもが、泣きながら私にこう言ってきたことがあります。

「先生、どうして落ちたのか納得できません」

私は、その子と一緒に体育教師に理由を聞きに行くことにしました。すると、その体育教師は、いったい何が問題で、これからどのような練習をすれば解決できるかを、きちんと子どもに指導してくれました。すると、検定結果に納得できなかった子は、私に笑顔で「納得しました！」と話してくれました。寓話に登場するお地蔵様のように「できなくたっていいじゃないか」などとは口にしなかったのです。

*

ここから学級担任時代から一気に現代へと時を移します。

私は筑波小の校長になってからも、この「究極の選択」問題を全校生に話をし、キツネになることを勧め続けています。

「わからないことやできないことがあったら、『わかるようになりたい、できるようになりたい』と先生たちに遠慮なく言いなさい。先生たちも、みんなの願いに応えられるようがんばることを約束します」

常にナンバーワンを目指すのは厳しいことです。どれだけがんばっても、その道のナンバーワンになれるのはたった一人だからです。人生においては、オンリーワンを探すタヌキにならざるを得ないことのほうが、はるかに多いことでしょう。

しかし、子どもたちがそんな境地に立つのは、もう少し時が経ってからでいいと思うのです。向上心に満ちあふれている子ども時代だからこそ、誰しもナンバーワンを目指してほしいのです。現状に甘んじることなく、「もっともっと」と、自分を高めることに貪欲なキツネであってほしいのです。

そうした子どもの純粋な要求に応え、向上的な変容を積み重ねられるようにかかわってこそ、子どもの心は少しずつ「自立し、自律できる主体性」を携えて、明日へと向かっていけるようになるのだと私は信じています。

「全力」で楽しくする

ここで今度は、私が現任校で学級担任をしていたころに時間を巻き戻し、総合活動部が企画した「筑波っ子の主張」の学級オーディション（最後に子どもが投票）で、2年連続代表に選ばれたグループの子（6年生）の作文を紹介します。健気に「楽しくする」ことに挑戦する子どもの姿に、研究主任として悩んでいた過去の自分自身と重なります。

今回の「筑波っ子の主張」は、できれば私たちではないグループにがんばってほしかった。もちろん、やる気もあったし、手を抜くつもりなんかなかったけれど、一度経験している分、ハードルは上がるし、きっと新鮮味はないだろうと思ったからだ。

実際、オーディションで私とAちゃんの再登板が決まった後、

「がんばっても、結局またあの二人じゃん」

と目の前で言われたこともあった。正直、選ばれた嬉しさは半減したし、平等に決めたことなのにと、涙がこぼれ落ちるほど嫌な気持ちになった。

確かに一度経験している私たちが、他の面白かった主張に力を貸して盛り立てるのもありだったのかもしれない。二度目の当選の後、そんな複雑な心境のままバタバタと準備に入った。

そんな中、私らしさ全開のお笑い要素が、台詞から次々にカットされていくと、今度は、

「せっかく二人を選んだのに、二人の良さがない」

と言い出す子もいた。様々な意見に、初めは勝手なことばかり言ってまったく…と頭を悩ませた。

ところが、思いっきり悩みに悩んだら、たとえ二度目でも、不服に思う子がいても、全校生や先生方の前で堂々と結果を見せればいいと開き直ることができた。それまでのもやもやとした気持ちがパーっと晴れていくのが自分でもよく分かった。やるからには全力で！　私たちの主張がきちんと伝わるように。そして、みんなの思いも一緒に届けられるように。

私たちの主張は、先生方も全校生も楽しめるものだ。大好きな学校で、もっと沢山の先生方や筑波っ子とかかわりたいという気持ちを込めて、本番では主張したつもりだ。言いたいことが伝わるように「伝える」のは本当に難しいが、私たちの「全力」が誰かの心に届きますように。

このグループの子どもたちの「全力」は、聞き手の子どもたちの心を掴みます。さらに、主張した「授業選択」（受けてみたい先生の授業に自由に参加する）を、本校の総合活動部が実現してくれました。このサプライズに、担任する学級の子どもたちも私も興奮しました。

「楽しくする」というこの子の「全力」が勝利した瞬間でした。

「わかる・できる」で楽しくする

引き続き学級担任をしていたころの話です。筑波小で2月に開催している「初等教育研修会」の総合部会で、私は次の提案をしたことがあります。

「総合（総合的な学習の時間）の単元設定に当たっては、子どもの思いや願いを実現させる内容が大切です。加えて、こんな経験をさせてみたい、こんな力を子どもたちに育てたいという教師の思いや願いを具現できる内容もまた必要だと思っています」

この提案に対しては、次の反論がありました。

「『教師の思いや願い』が強い活動は、総合とは言えないのではないですか？」

おそらく、子どもと教師の思いや願いとを擦り合わせることの必要性を主張されたのだと思います。

この考えに賛同しつつも、私はこれまで「教師の思いや願い」を強く意識した総合を単元化してきました。理由は、次の二つです。

●さまざまな価値ある活動へと広げていくためには、状況に応じて教師が合いの手を入れる必要がある。

●「わかる・できる」ことの知的な充足感を教師が味わわせることができてはじめて、「楽しくする」活動が生み出される可能性を子どもたちは見いだせるようになる。

次の作文は、「若桐パフォーマンス」(本校のイベント)で出し物を発表するための練習について、子ども(6年生)が書いたものです。ここには、「わかる・できる」ことの実感を得ることを通して「楽しくしようとする」子どもの主体性を垣間見ることができます。

あと二週間ほどしかない。恥ずかしいと言っている暇はない。若桐祭の日、私達には二つの試練がある。劇の発表と若桐パフォーマンスでの合唱の発表だ。そのために、私達は四年生の頃から、合唱、カホン、ダンスの練習をしてきた。

初めは、家で歌っていると「本当に音痴」と家族に言われていた。だから、一人で歌を歌わなければならないテストの時などは、すっごく嫌だった。

佐々木先生の指導は厳しかった。けれど、間違ったことは言っていなかった。その指導を受けていくと、だんだんどこで音が外れたかが分かるようになり、楽しくも感じてきた。

十月になって、本格的に劇の練習が始まった。歌や台詞のテストも日に日に厳しくなっていく。が、全く苦じゃない。どちらかというと楽しかった。みんなと笑いながら教え合って、私達の「全力」をつくりたいと思った。

練習では、恥ずかしいと思うことが誰にだってあるはずだ。でも、私達は同じ小学生。だから、「〇〇ちゃんは、いいよね〜」という言葉が私は好きではない。私達は変わろうと思えば変われる。何かをがまんしたり、チャレンジしたりすれば。できる子たちは、赤ちゃんの時からできたわけではない。だから、私にもできるはずだと思う。最近は、母にも「上手になったじゃん、まだ音外れるけど」と言われるようにもなったし、自分でもそう思う。「このまま練習したら、すごく上手になっちゃうんじゃないかなぁ」とまでは思わないけど、確実に成長していると思う。

この二つの試練を乗り越えた先に、どんな世界が待っているのか今から楽しみだ。

若桐パフォーマンスに出られるのも今年が最後なので、佐々木先生からの指導を胸に、三年間の集大成を悔いが残らないよう全力を出し切って表現したい。大成功が一番いいけれど、何があっても思い出に残る若桐パフォーマンスにしたい。

この子は、「この二つの試練を乗り越えた先に、どんな世界が待っているのか今から楽しみだ」と言います。

長い人生には、さまざまな試練が待ち構えています。しかし、その試練を乗り越えた先には、いままで見えなかった明るい未来が待っていることをこの子は感じ取っているのです。だからこそ、目の前の試練を「楽しくする」ことができたのだと思います。

もちろん、学級の子どもたちの全員がこの子のような価値観をもっているわけではありません。しかし、いままでわからなかったことがわかるようになり、できなかったことができるようになることの「楽しさ」を、私は多くの子どもたちに実感してほしいのです。

「命」の教育

私たちは、当たり前のように「命は大切にしなければならない」と口にします。しかし、『命』とはいったい何なのか（本質）」を明解に答えることは、そうそうできることではありません。もし本当に答えようとするならば、哲学的・宗教的な領域へと踏み込まねばならないでしょう。

「命」について国語辞典（『広辞苑』）を引くと、次のように説明されています。

①生物の生きてゆく原動力。生命力。②寿命。③一生。生涯。

④もっとも大切なもの。命ほどに大切に思うもの。真髄。

言葉としての意味なら、そのとおりでしょう。子どもも知ることはできます。しかし、「命」という言葉の意味を「知った」からといって、「なぜ、命は大切しなければならないのか」という問いに答えることはできません。人が「命の存在の実感」を通して「命の尊厳」に思い至り、「大切にする」という実際の行動と結びつけられるようになるプロセスは、そんなに単純なものではないからです。

ただ一般的には、幼少期から「命は大切だ」という命題を繰り返しインプットされる過程で経験（事実）とつながり、「命の存在」を感じ取りながら「命の尊厳」という価値観をつくり上げていくのでしょう。かつて自分自身もそうであったように思います。

いずれにしても、「命の存在」を実感できるようになることは「命を大切にする」子どもを育てるための出発点だと言い得ると思います。そこでここでは、子ども自身が「命」の存在を実感するのはどのようなときかについて考えてみます。

1 「命」との出合い

春、5年「魚の誕生」の学習を行うために、教室でメダカを飼育していました。あるとき、水草に数個の卵が産みつけられていることにある子が気づきました。卵の第一発見者であった子が「卵がほしい！」と言うので、チャックつきビニール袋に少しだけ水を入れ、そのなかに卵を一個入れてあげました。その様子を見ていたほかの子どもたちも「卵がほしい！」と言うので、卵が産みつけられるたびにあげていきました。

しっかりと封をすれば水はもれません。CDケースに入れれば、ランドセルやバッグに入れてもち歩くこともできます（次頁の**資料**）。子どもたちは、ときどき袋を取り出しては卵の様子を観察します。その姿は、まさに親が「卵を見守る」という感じでした。

しばらくすると、卵の変化に気づく子が現れます。「卵のなかに黒い点が見える」と言うのです。そこでさっそく、解剖顕微鏡を教室にもち込んで観察してみると、黒い点の正体はメダカの目であることがわかりました。

このときから、卵の変化に対する子どもたちの興味・関心は、日に日に高まっていきます。メダカは毎日のように産卵し、数日で学級の子どもたち全員に卵が行き渡ります。最後に卵を受け取った子は、日記にこう記しています。

資料　卵を入れたＣＤケース

ビニル袋の中に小さな卵が入った。小さなメダカの命をあずかった。メダカを育てたことは今までにやったことがない。自信はないが、愛をこめて育てたい。

子どもたちは、暇さえあれば袋を光にかざして卵の様子を観察します。ときには解剖顕微鏡で拡大し、生きている様子（心臓の動きや血液の流れ）を確かめては、その変化に一喜一憂します。すっかり、メダカが孵化するのが楽しみになっています。子どもたちにとってもはや、メダカの卵は観察対象ではありません。「ペット」にも似た存在になっていました。「自分の卵」「自分が育てている卵」という意識が強ければ強いほど、子どもにとって大切なのは、自分のメダカの「命」のほうに移り変わっていきます。愛情ともいうべき思いに応えるかのようなメダカの卵の変化が、自分のメダカの「命」に対する価値づけをさらに大きく膨らましてくれるからでしょう。

そう考えると、「命」というものの本質、あるいは実体というものは、私たちが客観的に認識できる対象（生物）ではなく、私ちが内的につくり上げる「概念」（内なる命）なのだと言えるのかもしれません。

この概念が「信念」とも言える次元になったとき、この「内なる命」の存在を子どもは自覚し、命の大切さを実感するのだと思います。この実感こそが、命を守ろうとする活動の「主体性」を生み出していくように思えてなりません。

2 「死」との出合い

教室でハムスターを飼っていたときのことです。土日、祝日、そして長期休業の折には、子どもがもち回りで自宅にもち帰ってお世話をしていました（本人を含め、同居家族に動物アレルギーがある場合は対象外とします）。いわゆる動物の「ホームステイ」とも言うべき取組で、子どもたちは自分の順番が来るのを楽しみにしていました。

そんな冬休み中のことです。Dさんから「ミント（ハムスターの名前）の様子がおかしくなった」と電話連絡が入りました。昨日の夜まで元気だったらしいのですが、朝になったらぐったりしていてあまり動かないというのです。さっそく、かかりつけの獣医に連絡をとり、診察を受けることにしました。

ところが、Dさんと私が電車で病院に向かう途中、ミントは死んでしまいました。獣医は、死因について調べるためには解剖しなければならないと言います。〝どうする？〟という表情でDさんの顔を見ると、こっくりとうなずきました。

理科の教科書から動物の解剖が姿を消して久しいのですが、解剖すること自体が命の教育になることはありません。子どもが大切に育ててきたペットの「命」が消えてしまったその原因を知りたいと思ったときにはじめて、解剖という行為がその子にとって重要な意味をもつのだと思います。

解剖の結果、死因は低体温によるものでした。寒さが原因だったのです。その事実にショックを受けたDさんは、病院から帰る途中ぽつりとつぶやきました。

「ハムスターを飼うのは、少し休みたい」

日ごろのお世話はもちろん、その動物の死を受け止めることも含めて「飼育」です。その責任・重さというものは、本来であれば動物に十分に触れ合う過程を通して、子どもたちの心のなかに少しずつ芽生えていくことが望ましいように思います。

しかし、相手は生き物です。こちらの都合に合わせて死を迎えてくれるはずはありません。まして今回は、飼育しはじめて早々に死んでしまったこともあり、Dさんの心の傷がどれほどのものだったかと思うと、私自身の心も沈んでしまいました。

そこで私は、もう一度出発点にもどって考えてみることにしました。「学校や学級で動物を飼育するというのは、飼育の過程で生じる問題を子どもたち自身が解決することに価値があると判断したからではなかったか」と。「死」というあまりに悲しくショッキングな出来事があっても、そこから「子どもたちが学べることは何か」「学ぶためには何をすればよいのか」を考えるべきだと思いました。

それに、ここで飼育活動を打ち切ってしまえば、この子だけでなく他の子どもたちにとっても、学びどころか「いやな思い出」としか記憶されないにちがいありません。飼育活動を続けるなかで、何らかの形で子どもたちが成功経験を積み重ねられるようにすることこそが、動物飼育を教室内にもちこんだ教師である私の責任でもあるように思えたのです。

冬休みが終わり、Dさんたちの飼育グループは、これからもハムスターの飼育を続けるかについて話し合いをもつことになりました。その結果、「今度は寒さに強いモルモットを飼いたい」と私に提案してきました。〝さて、どうしたものか〟と思った私は、子どもたちの提案をいったん保留にしたのですが、次の日のDさんの日記にこんなことが書かれていました。

モルモットの話をお母さんとしていた。

「どうしてモルモットにしたの？」

と聞かれて、ぼくはこう言った。

「モルモットは寒さに強いから、死ぬことはないと思うから」

そしたらお母さんがこう言った。

「じゃあ、寒さに強い動物だから夜の寒さは気にしなくていいのね」

そう言われて、それはちがうと思った。

モルモットはハムスターより体も大きいし、寒さにも強いけど、命は同じ。そして、飼われている動物の命を守るのは飼い主だってことを、ミントは教えてくれたんだな。

母親の言葉でDさんは思い直し、ハムスターの飼育にもう一度挑戦することを飼育グループに再提案しました。飼い主として「命を守る」ことの責任の重さと意味が、Dさんの心にストンと落ちたのだと思います。悲しみに終わらせず、ミントの死を次の活動に生かそうとする主体性を引き出した母親の対応は、見事としか言いようがありません。

教師として、頭が下がる思いでした。

死んでしまったミントは、お墓をつくって中庭に埋葬しました。数日後、お墓の様子を見に行ってみると、花が供えられ卒塔婆のようなものが立てられていました。風で倒れても、数日後にはちゃんともとにもどっています。餌だったヒマワリの種がまかれ、お墓の周りにはヒマワリの花が咲きました。そして、ミントが死んでから1年以上たっても、子どもたちが墓そうじをしている姿をときどき見かけました。

ペットである動物が死に、たとえ目の前からいなくなっても、その「命」は内なる心で脈々と生き続けているかのようでした。一つの命が消えたとき、私たちは、信念と化した「内なる命」の存在、その大きさを自覚できるのかもしれません。

死を乗り越えようとする子どもの「主体性」は、決して弱いものではないことを、私は子どもから学んだような気がします。

第４章

突如、訪れた危機が子どもと教師にもたらしたもの

突然の臨時休校

２０２０年2月27日、政府から全国一斉休校の要請が出されましたが、現在では、全国一斉休校の要請は「愚策」として語られています。しかし、それは結果論です。未知のウイルスに対する具体的な対抗策が見えない状況下では、国民の命を守る政府の立場上、やむを得ない決断だったのだろうと思います。

しかし、あまりにも突然の要請だったため、正直戸惑ったのも事実です。というのも、そのとき、校長は修学旅行に引率中で不在であり、（当時、副校長であった）私が決断せざるを得ない状況だったからです。

臨時の職員会議を開き、職員の考えを確認しましたが、ほとんどが「臨時休校」に賛成でした。すぐに校長に電話連絡し、本校も臨時休校に入ることを決定しました。

修学旅行中だった6年生の子どもたちと引率していた教師にとっては、まさに〝寝耳に水〞の出来事だったに違いありません。せめて、6年生の修学旅行が終わってから1日だけでも登校日を設定し、家庭学習に必要な物品を持ち帰らせることができなかったものか、と後悔したこともあります。しかし、当時は、未知のウイルスに対する脅威のほうが勝っており、どの教職員も（管理職である私を含めて）すぐさま臨時休校に入ることに反対することはできなかったように思います。

何かを決断しなければならないとき、学校は次のような判断基準に頼りがちです。

●文部科学省は何と言っているのか？（**権威主義**）
●これまではどうしていたのか？（**前例主義**）
●周りの学校はどうしているのか（**右へ倣え主義**）

この３つの判断基準は、ときに主体的に判断しようとしない学校の悪しき慣習であるかのように批判されることもあります。しかし、このときばかりは、この基準にすがるほかありませんでした。まさに思考停止の状況です。

臨時休校中の学習保障

何の準備もできないまま臨時休校に突入してしまった本校（筑波大学附属小学校）は、この日を境にさまざまな悩みを抱えることになります。なかでも最大の問題となったのは、自宅での子どもたちの学習をどのように保障するかでした。

当然のことながら、子どもたちの家庭には教材・教具がありません。そこで、次のような議論が、各学年の実態に応じて行われていきました。

「理科であれば、自宅で実験できるセット教材を購入して自宅に送るか」

「音楽であればリコーダーを自宅に送るか」

「図工であれば、水彩絵の具や道具箱を自宅に送るか」

「新年度の教科書も自宅に送るか」

これらの情報は、学年を越えて共有されるうちに、全体の問題が少しずつ解決していったというのが実際です。

職員会議で話し合い、共通理解を経てから実行へ…といった段取りを優先している場合ではなかったとも言えます。教師一人一人の主体性のもと、まずはできるところから手をつけていくしかなかっ

資料1　教材を積み込む郵便トラック

たのです。

オンラインで授業を配信できる環境もまだ整っていませんでした。たとえ整ったとしても、通信環境やデバイスの関係上、オンライン授業を受けられる家庭がどれほどあるのかについても、全く把握できていませんでした。

そんなときです。ある教師が、私に次の提案をしてきました。

「コロナ対策班を組織してほしい」

子どもたちの学習を保障する方法はもちろん、臨時休校が解除された後のスタートアップの具体的な方法について検討・提案するプロジェクトチームです。

「あれはできない、これもできない」と口にするのは簡単です。それに対して、「ああしたい、こうもしたい」という提案を自ら発信するのは、勇気と責任が伴います。

そんな姿を目の当たりにした私は、教育現場の最前線に立つ教師の主体的な発信によって問題に立ち向かっていこうとする機運が生まれたとき、組織力のある学校経営が機能しはじめるのだと確信しました。

かつての人気ドラマの劇中、刑事役の主人公はこう言いました。

「事件は会議室で起きているんじゃない。現場で起きているんだ」

教育現場も同じです。文部科学省で起きているのでもなければ、教育委員会で起きているのでもありません。子どもと接している教師一人一人の目の前で起きているのです。「コロナ対策コア会議」の発足は、まさに管理職の指示待ちではけっして生まれない、本校教師の底力を実感した瞬間でした。そして、この経験によって、突如として訪れた危機が、私たちのインセンティブ（意欲を引き出すための外部からの刺激）となることを知ったのです。

さっそく、コロナ対策コア会議のメンバーを人選し、全職員が加わっての「新型コロナウイルス感染防止」の組織図を完成させました（**資料2**）。

臨時休校が明けてからの学校運営

4月17日まで臨時休校を延長し、段階を経て5月7日に授業を再開しました。

しかし、すぐに元通りになったわけではありません。（その当時は多くの学校がそうであったように）分散登校に加え、子どもたちや教師の動線を明確に分けるといった学校生活を余儀なくされます。また、本校児童と本校教職員以外の保護者を含めた入校制限はもちろんのこと、予定されていたさまざまな学校行事も中止や延期、あるいは時間を短縮しての実施となってしまいました。

しばらくの間は給食も停止し、午前授業が続きます。この間、子どもたちも教師も、相当のストレスを抱えながら学校生活を過ごさなくてはなりませんでした。

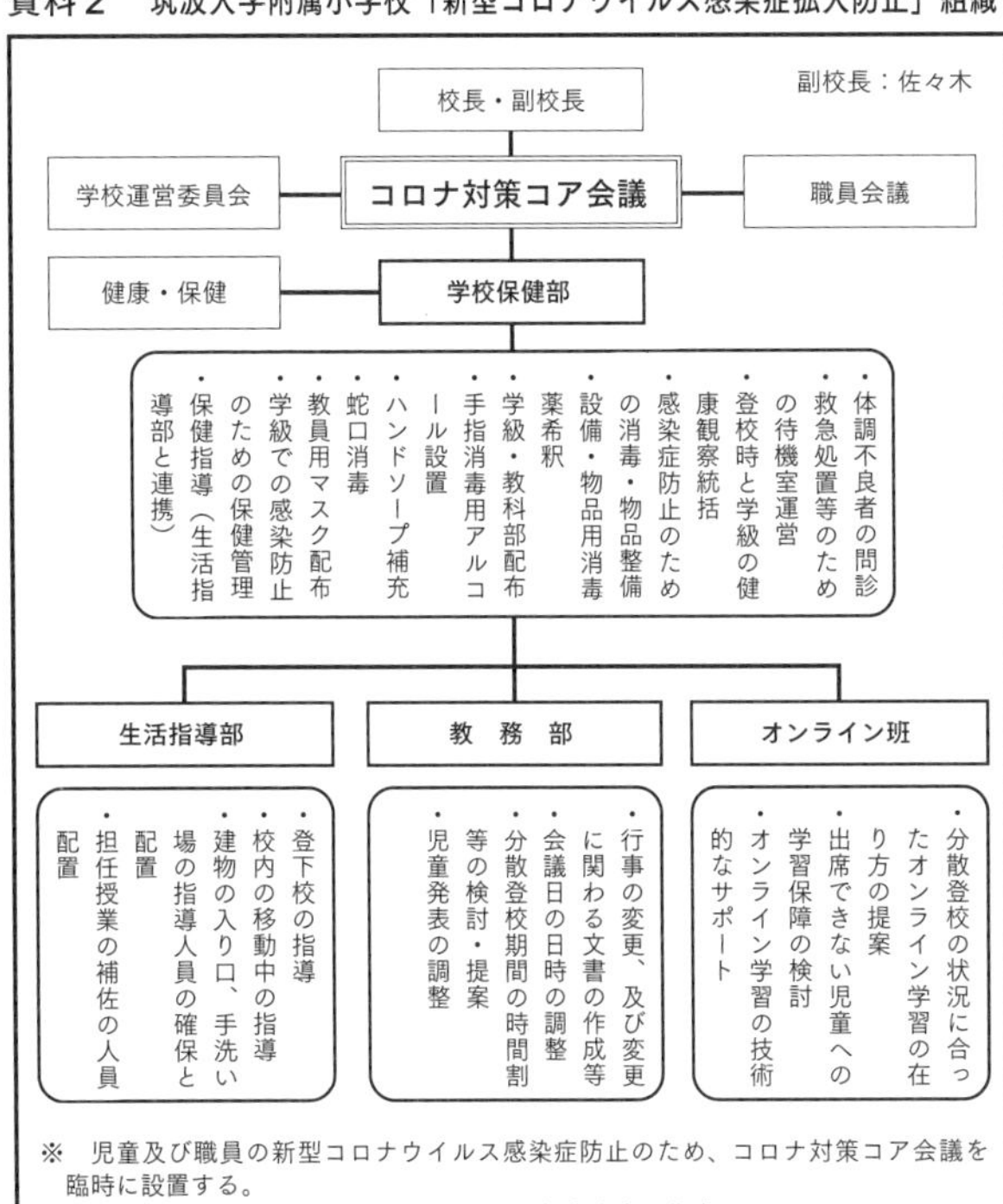

資料２　筑波大学附属小学校「新型コロナウイルス感染症拡大防止」組織

こうしたことは、何も本校だけではありません。日本全国の学校が同じような状況下にありました。ただ、とりわけ感染者数が多かった東京都においては、想像がつく限りの感染症対策が求められていました。

しかし、そうは言っても新型コロナウイルスは未知のウイルスです。自分たちが行っている感染症対策がはたして本当に有効なのか、「これこそが正解だ」などと説明できる根拠もありません。報道番組などでは、感染症の専門家と称する人たちがさまざまに発言していたものの、一貫性ある説明とは言いがたい情報ばかりでした。

こういった状況下にあって、管理職として注意しなければならなかったことがあります。それは、「確証バイアス」に陥らないようにすることです。

「確証バイアス」とは、心理学で言うところの認知バイアスの一種で、自分の仮説が正しいかを確かめる際に、都合のよい情報ばかり優先的に集めてしまうという心の働きを言います。裏を返せば、反証となり得る情報（自分にとって都合の悪い情報）は見て見ぬ振りをしてしまう（あるいは、そもそも集めようとしない）という行動を取ってしまいます。

臨時休校が明けた後、「子どもの学びを保障したい」「学校行事を通常に近い状態で実施したい」と、誰もが願っていましたが、このようなときこそ、注意が必要なのです。

主体的に、かつ意欲をもって何とか実現させたいと願えば願うほど、「ある専門家は大丈夫だと言っている」「研究論文でも支持されている」「子ども自身に感染症対策を考えさせる必要がある」など、自分の主張にとって都合のよい情報ばかりに目が向きがちだからです。さらに、「子どもが可哀想だ」という心情を優先させる考え方までもち出せば、それなりの意見に聞こえてしまうものです。

このような教師の強い「思い」に悪意はありません。あくまでも善意から表出するものであり、その気持ちは管理職である私にも十分理解できることでした。私自身、本校で15年間担任教師として子どもたちの教育に携わってきましたので、本校で行われている授業、行事等の教育活動の質がいかに高く、「生きる力」を育んでいるか、身をもって実感していたからです。

しかし、管理職は立場が違います。最悪な状況を想定しながらさまざまな情報を俯瞰的に集めて客観的な視点で解釈し、その時その時の状況に応じて妥当だと思われる選択をしなければなりません。

そもそも物事を選択する際、どちらか一方が満点で、もう一方が零点となるようなケースはまずありません。そのため、ベストとは言えないものの、よりベターだと思われるほうを選択せざるを得ません。このような場合、選んだことでよいこともある一方で、ある教育、あるいはある学年にとっては不利益になることがあります。これが、教師間に軋轢(あつれき)を生む温床となり得ます。

それを知りながらも、管理職の責任のもとに最終的な決断をしなければなりません。学校は組織である以上、管理職が決断したら、たとえその選択に対して反対の立場だったとしても理解を示すのが組織人としての不文律です。

よく「共通理解」と言いますが、この言葉は組織の構成員すべてが同じ考えになる（あるいは、摺り合わせる）ことを意味しません。さまざまな考えがあるなかでも組織として進むべき方針が決まったら、それに従うことを意味する言葉です。

後になって、それ以外の選択でもよかったのだとしても、最悪の状況を回避できたのであれば、その選択は（正しいとまでは言い切れないかもしれませんが）少なくとも間違ってはいなかったということです。その意味で、政府が全校一斉の休校要請を出したことは、あながち間違ってはいなかったのではないかと思うのです。

第５章

学校は
楽しいところじゃない、
楽しくするところだ

子どもと教師へのメッセージ

ある教師と雑談していたときのことです。独り言のようにぽつりとつぶやいた次の言葉が耳に残りました。

「仕事がぜんぜん楽しくない…」

新型コロナウイルスの感染拡大によって通常の教育活動ができなくなってしまったことへの不満がつい漏れてしまったのだと思います。その言葉を聞いたとき、私は心のなかで次のようにつぶやいていました。

〝え、そうなの⁉　私はそれなりに楽しいんだけど…〟

「楽しい」という表現は適切ではないかもしれません。しかし、目の前に立ち塞がる問題を一つずつ解決していく様子を目の当たりにしていて、私は「楽しさ」と言ってもいい感覚をもっていました。

もちろん、その場その場ではそれなりの苦労があり、そのつど喜怒哀楽を感じてはいたはずです。しかし、ひとつひとつ問題が解決されるたびに、達成感・充足感も味わっていたのだと思います。

とはいえ、私と雑談していた際に「楽しくない」とつぶやいた教師は、氷山の一角に違いないでしょう。きっと、ほかの教師も同じように思っているのではないかと推測されました。

私自身の感覚、先生方の意識、子どもたちの状況を踏まえたうえで、休校明けにどのような柱を学校運営に掲げたものか…いろいろと考えた末、かつて自分自身が悩んでいたころに先輩教師からかけてもらった、あの言葉を再び思い出しました。

学校は楽しいところじゃない。楽しくするところだ。

令和2年度の始業式は、5月の連休明けに行いました。オンラインでの開催です。当時、副校長だった私は、全校児童と全教職員に向けて次の話をしました。

新型コロナのせいで、学校が楽しくないと感じている人がいるかもしれません。でも、そもそも学校は楽しいところではありません。楽しくするところなのです。先生方といっしょに学校を楽しくするアイデアを出し合い、ひとつひとつ実現させていきましょう。

カメラに向かっての講話です。子どもたちや教職員がどんな表情を浮かべていたのかはわかりません。私の真意はどれほど伝わったものかと不安にもなりましたが杞憂でした。

「コロナ禍にあって、学校を楽しくするにはどうすればよいか」

この問いに対する「納得解」を考え行動に移すことが、学年・学級を越えて、教師にとっても子どもたちにとっても共通するテーマになっていったからです（この問いは、やがて子どもたちの口からも聞かれるようになります）。

さて、ここから「学校を楽しくする」ためのさまざまな取組がスタートするわけですが、一筋縄にはいきません。実に険しい道のりでした。しかし、その険しさに教師、保護者、子どもは果敢に立ち向かっていきます。そんな姿を私は目の当たりにすることになるのです。

動き出した教師たち

1　楽しくする〝授業づくり〟

感染症対策を取り入れた授業づくりは、大きな発想の転換を伴うものでした。

話し合い活動ひとつとっても、ソーシャル・ディスタンスを十分に確保する必要があります。自席を離れて自由に話し合うこともできません。

音楽であれば、吹いて音を出す楽器（リコーダーや鍵盤ハーモニカ等）は使えません。理科・図工・家庭科等で使用する教材や教具も、共用することがむずかしくなりました。友達同士で物品を交換したり貸し出ししたりすることもできません。

特別教室に移動する際にも動線を明確にし、教師のつき添いを原則としました。また、授業前後には手洗いや手指消毒も徹底しました。ある時期までの授業では、教師も子どももフェイスシールドをつけていました。

さまざまな事情で登校できない子どももいたことから、オンライン授業を行う環境整備が急がれました。まだモバイル端末（GIGAスクール構想）が配布されていない時期で、専用の通信回線も整備されていません。そこで、附属学校教育局の予算援助を受けながら、タブレット端末やモバイル無線ルーターの貸し出しを行うなど、そのつど対応に追われていました。

このような状況下では問題解決的な学習を成立させることがきわめてむずかしくなります。子どもの知的好奇心を高めたうえで、発見学習に加え、部分的に機械的学習や有意味受容学習を積極的に活用する必要も出てきます。また、自宅学習において教科書をどのように有効活用すればよいか、自学できるワークシートの作成をどうするか、さらには、学習の成果をどのように評価するかといった問題もありました。

これらの問題に処する際、「管理職が基本方針を立て、教師の共通理解を図ったうえで実行に移す」といった従来型の演繹的な対応では行き詰まります。「楽しい授業を成立させるために何ができるか」を教師自身が主体的に考え、判断し、実行に移し、行ったことの成果や課題を学年で共有し、管理職にボトムアップするほうが効果的なのです。

つまり、教師一人一人の発想をよりどころとしてまずはやってみて、教師間で共有し、やってみてよかったことをもち寄るという帰納的な対応こそ、新しい発想を生み出す苗床となります。それらはやがて組織としての基本方針に集約され、段々と功を奏しはじめるのです。

こうした動きは、（第4章でも紹介した）「新型コロナウイルス感染症拡大防止」のオンライン班が中心となりました。オンライン授業のバリエーションの紹介、アプリケーションツールの具体的な活用法等の情報交換会をオンラインで繰り返し開催し、教師のリテラシーを少しずつ高めていきました。

その後、保健所とのやり取りを通して、新型コロナウイルスの接触感染の可能性はきわめて低く、飛沫やエアロゾルによる感染が中心であることがわかってきたことで、換気の徹底、マスクの着用、ディスタンスの確保の三つさえできていれば、たとえ感染者が出ても濃厚接触者には特定されないこともはっきりしてきました。

その間、東京都内の感染状況はめまぐるしく変化していたことから、さまざまな対応も求められましたが、感染症対策を継続しながら、授業も通常に近い形態に少しずつ戻していくことができました。何より、「学校を楽しくする」を旗印に、教師一人一人が主体的に判断していったことが、コロナ禍以前とはひと味違う〝楽しくする授業づくり〟につながっていったように思います。

いまになって思うことですが、コロナ禍がなければ（当たり前が通用しない状況に追い込まれていなければ）、アナログ的な従来の授業づくりにのみ満足し、デジタルツールの活用をはじめとする新しいチャレンジには目もくれなかったかもしれません。これは、私の実感だけでなく、多くのシニア世代の先生方も同様であったように思われます。

しかし、時代は変わりました。もう後戻りはできません。子どもの学びを止めないためにも、デジタルツールのさらなる有効活用は避けては通れません。

また、オンライン会議ツールの浸透によって、遠方であっても交通費をかけることなく会議や研修会に参加できるようになりました。その様子を録画し、オンデマンドで配信することもできます。物理的な移動の時間をショートカットし、忙しいなかでも、これまで以上にさまざまな情報を得られるようになったわけです。

他方、対面ならではのよさもあります。コロナ禍が落ち着いた後もデジタルの有効活用は欠かせませんが、今後は、デジタルとアナログをどのように組み合わせるのが子どもや教師の学びに資するのか、さらなる研究が必要となるでしょう。

アナログ文化のなかで培われた授業づくりと、デジタル文化のなかで培われるであろう授業づくりがよい意味で融合し、新しい授業づくりへと進化していくに違いありません。

2 楽しくする〝学校行事〟

「小学校学習指導要領」(平成29年告示)では、次のように学校行事の目標を示しています。

> 全校又は学年の児童で協力し、よりよい学校生活を築くための体験的な活動を通して、集団への所属感や連帯感を高め、公共の精神を養いながら、第1の目標に掲げる資質・能力を育成することを目指す。
>
> (第6章第2〔学校行事〕の1)

この目標を改めて確認してみると、平時とは言えない状況のときこそ、学校行事を大切にしなければならないことが伝わってきます。しかし、天災地変とは異なり、コロナ禍の場合には事情が異なります。感染症対策をすればするほどに、人と人とのつながりを（強めるどころか、むしろ）遠ざけなければならなくなるからです。

学校行事においては、「全校又は学年の児童で協力」しにくくなり、「体験的な活動」にも制限が加わり、「集団への所属感や連帯感」を高めることも困難です。その結果、「公共の精神を養いながら」「資質・能力を育成すること」も覚束なくなります。

しかし、本校の教師たちは諦めませんでした。

そして、そうであるがゆえに管理職との間に軋轢が生じます。特別活動の目標実現を重視する教師と、感染症対策を重視する管理職とのせめぎ合いです。しかし、そこで交わされた議論は、学校行事の今後を考えるうえで欠かせないものでした。

「上が言っているとおりにすればいい」とばかりに事なかれ主義に陥らず、そうかといって「このままでは特別活動が疎かになるから」と特定の教師が独断専行することなく、お互いに納得し得る落としどころを見つける貴重な機会となったからです。

それは、「雪の生活（スキー合宿）」（宿泊を伴う行事の一つ）の実施が危ぶまれた令和3年度のときのことでした。担任の先生方と管理職（校長・副校長）との話し合いでは、「開催はむずかしい」という学校医の考えを率直に伝えたものの、担任の先生たちは納得しません。何とか実施できないかと主張します。

「実施したい」という気持ちは私たち管理職も同じです。しかし、子どもと教師の安全を守ることが管理職の責務です。安易に担任の気持ちを優先するわけにはいきません。

しばらくして、話し合いが硬直状態になったときでした。担任の一人が次の提案をしてきました。

「感染症対策のガイドラインを私が作成します。そのうえで、もう一度話し合いの場をもち、学校医の先生に内容を確認してもらえませんか？」

合宿は数日後に迫っています。正直なところ、この段階で学校医を説得できるだけのガイドラインを作成するのは、時間的に無理なのではないかと思われました。

ところが、です。何と翌日には、数ページに及ぶ感染症対策のガイドライン資料が提出されたのです。しかも、単なる感染症予防にとどまらず、体調不良を訴える子どもや教師が出た場合の対策（保護者への連絡、病院への搬送、抗原検査の実施等）が、細部にわたって記されていました。当事者である私たち以外の第三者が目を通したとしても、問題のないガイドラインでした。

おそらく、前日の打ち合わせが終了した直後から作成に取りかかったのでしょう。もしかすると、夜通しの作業だったかもしれません。それだけのエネルギーを生み出すことができたのは、「子どもたちのために何とか合宿を実現させたい」という担任としての熱い「思い（情熱）」と「怒り」だったに違いありません。

さっそく、学校医にお送りしたところ、一昼夜でこれだけの内容にまとめられるものなのかと驚き、高い評価をもらうことができました。そこで、3泊の予定を1泊に減泊し、学年4学級を2グループに分けて活動する計画に変更することで実施にこぎ着けたのです。

このやりとりには、「コロナ対策コア会議」のメンバーは関与していません。学校組織としてはイレギュラーだった思います。しかし、合宿の当事者である担任以外に、学校医をもうならせる質の高い感染症対策ガイドラインを短時間で作成することはできなかったと思います。

その後、このガイドラインは、宿泊を伴う他の行事の感染症対策のお手本として活用されることになりました。つまり、コロナ禍における本校の財産となったのです。

この経験を通して実感したことがあります。それは、子どもたちと直接かかわる担任の情熱と主体性にかなうものはないということです。

3 動き出した保護者たち

本校には、学校行事以外にもＰＴＡ組織（若桐会）が主催する行事がいくつかあります。そのひとつが、毎年11月に実施される「若桐祭」です。子どもたちがみなとても楽しみにしている一大イベントです。

基本的なプランは、若桐会の本部役員が中心となって作成するのですが、実働部隊はそれぞれの学級役員さんたちです。子どもたちを楽しませるさまざまな企画が立てられ、若桐祭当日にはたくさんのブースが設置されます。子どもたちは、ブースを渡り歩きながらその日1日を自由に楽しむわけです。

しかし、この「若桐祭」も中止の危機に直面しました。令和2年度のことです。仮に実施するにしても、従来の運営方法では感染を防ぐことができないことは明白でした。

しかし、保護者のみなさんは諦めません。

若桐会会長を中心とした本部役員の方々は、本校の担当教師といっしょに知恵を絞ります。基本方針は必ず開催にこぎ着けること、そのために発想を変えることです。具体的には、「子どもは登校せずに参加できれば感染の怖れはなくなる」という発想のもと、「オンライン開催」を選択しました。

しかし、この提案に対しては、反対する保護者や教師も少なくありませんでした。こ

資料１　2020年オンライン　若桐祭

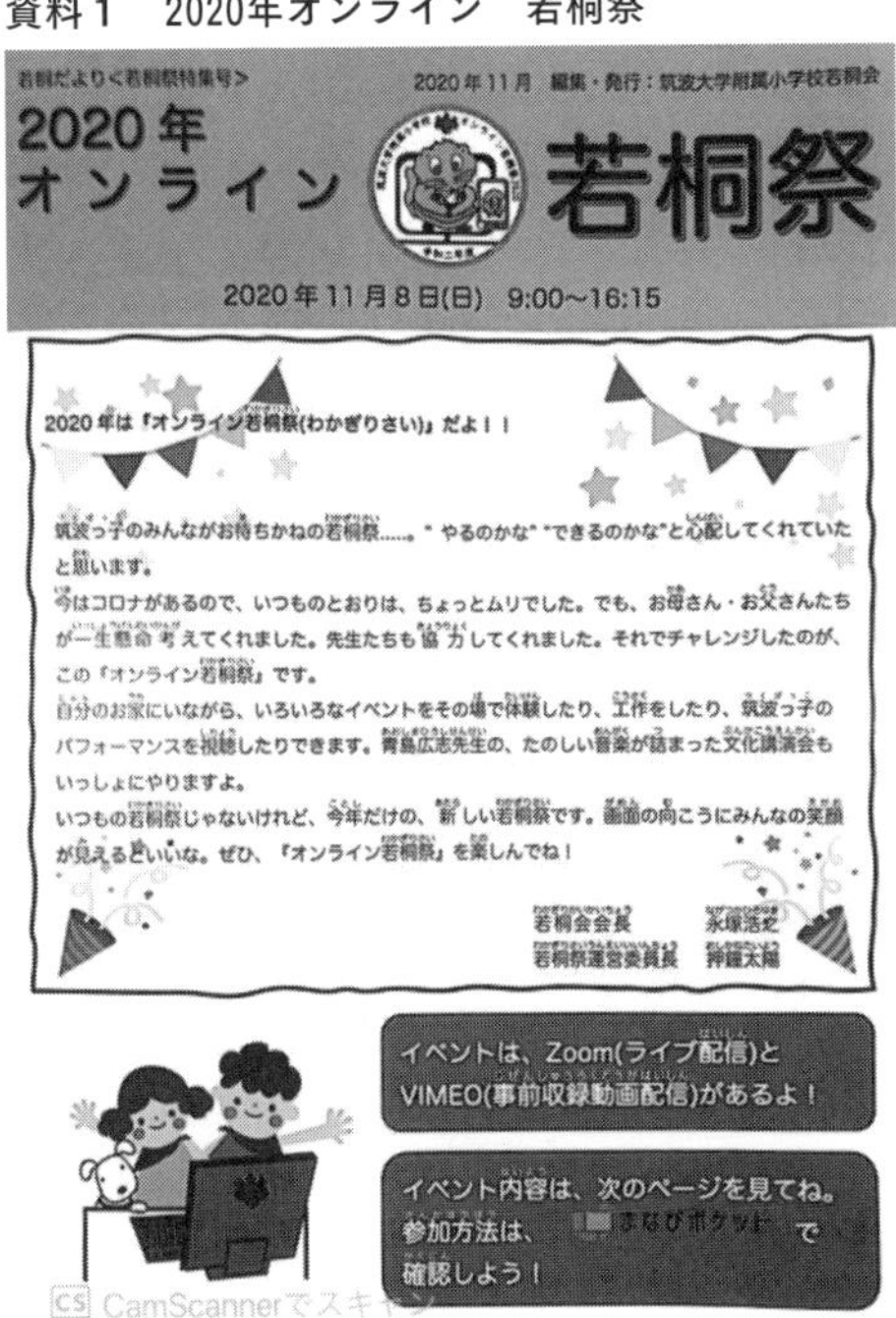

若桐だより＜若桐祭特集号＞　2020年11月　編集・発行：筑波大学附属小学校若桐会

2020年 オンライン 若桐祭

2020年11月8日(日)　9:00～16:15

2020年は『オンライン若桐祭(わかぎりさい)』だよ！！

筑波っ子のみんながお待ちかねの若桐祭……。"やるのかな""できるのかな"と心配してくれていたと思います。
今はコロナがあるので、いつものとおりは、ちょっとムリでした。でも、お母さん・お父さんたちが一生懸命考えてくれました。先生たちも協力してくれました。それでチャレンジしたのが、この『オンライン若桐祭』です。
自分のお家にいながら、いろいろなイベントをその場で体験したり、工作をしたり、筑波っ子のパフォーマンスを視聴したりできます。青島広志先生の、たのしい音楽が詰まった文化講演会もいっしょにやりますよ。
いつもの若桐祭じゃないけれど、今年だけの、新しい若桐祭です。画面の向こうにみんなの笑顔が見えるといいな。ぜひ、『オンライン若桐祭』を楽しんでね！

若桐会会長　永塚浩史
若桐祭運営委員長　押鐘太陽

イベントは、Zoom(ライブ配信)とVIMEO(事前収録動画配信)があるよ！

イベント内容は、次のページを見てね。
参加方法は、まなびポケットで確認しよう！

れまでやったことのない未知の開催方法で、誰も具体的なイメージをもてなかったからです。また、すでに夏休みが近づいていた時期でもあり、夏休み明けの9月から準備をはじめたとしても、11月の開催に間に合うのかという不安もありました。

開催するのか中止するのか議論が白熱します。最終的には、若桐会のみなさんの熱意に背中を押されるようにして、反対していた保護者や教師も納得してくれました。多くの人が不安視していたイベントでしたが、「絶対にできる」という信念のもとに賭けに出たのです（**資料１**）。

いったん決意が固まってからの保護者のみなさんの動きは迅速でした。各イベント・プランについては夏休み前にはおよその叩き台をつくり、イベント単位で情報交換・共有をはじめました。夏休みが終わり新学期がはじまるや否や、びっくりするくらいのスピードで準備を進めてしまったのです。

初のオンライン開催の若桐祭は、人気を博すことになります。

まさに奇跡…などと評したいところですが、それとは少し違う気がします。それは、保護者のみなさんは、ご自分の仕事や家事を犠牲にしてまでも、若桐祭のオンライン開催のために心血を注いでくださった結果だったからです。その意味では「奇跡」ではなく、「必然」だったのだと思うのです。まさに、保護者の底力でした（**資料2、3**）。

本書を執筆しているいま、新型コロナウイルス第七波が高止まりしている状況です。

資料2　オンライン　隠し芸大会

資料3　オンライン　オセロ対決

そのため、令和４年度の若桐祭をどのように開催するか、検討している真っ只中にあります。

しかし、たとえ緊急事態宣言やまん延防止等重点措置が発出されたとしても、すぐにオンライン開催に切り替えられます。どちらでも行えるように準備を整えているからです。

このように柔軟に運営できるのは、令和２年度の経験があったからにほかなりません。若桐祭のオンライン開催のノウハウもまた、コロナ禍における本校の財産となりました。

4　動き出した6年生の子どもたち

本校には、「三つの山」と呼ばれる、６年生の子どもたちが越えなければならない試練があります。

- ●富浦合宿での遠泳（およそ40分間の遠泳）
- ●清里合宿での登山（２０００メートル級の登山）
- ●運動会での組み体操（〝帆掛け舟〟と呼ばれる難易度の高い演技）

いずれも、最高学年になったからといって、簡単に越えられる「山」ではありません。その山を目指した計画的なカリキュラムのもとで積み重ねた6年間に及ぶ教育活動によって達成できるものです。

ところが、令和2年度はこの「三つの山」すべてが中止となってしまいました。子どもたちはもちろん、担任たちの落胆がどれだけ大きかったか想像に難くないと思います。しかし、本校の6年生たちは、中止という現実をただ受け入れるだけにはとどまりません。「だったら、できることを自分たちでつくったらいいじゃないか」と、学級ごとにプロジェクトを立ち上げはじめたのです。いずれも、自分たちが「学校を楽しくする」という発想です。

ここでは、その一端を紹介します。

〈「ミニバザー」プロジェクト〉

ある学級は、学級内行事として「ミニバザー」を企画しました。

バザーの目的は、学級で開く予定のイベント「お楽しみ会」の経費にすることでした。「何のためにやるのか」（自分たちの目的）が明確になれば、主体的に動き出すのが子どもです。

手はじめに、プロジェクトリーダーが保護者にお手紙を書き、いらなくなった子ども向けの本やおもちゃ等のグッズを、バザー品として提供してほしいと協力を求めます。賛同してくれた家庭から寄せられたバザー品は仲間分けし、いくらの値段の札をつけたらよいかを考えます。

バザーで買い物できる金額の上限は1人100円までです。そのお金も家でお手伝いをした対価として両親からもらったものにするという条件つきです。このようなきまりを設定していたので、値づけも慎重に行わなければなりません。高すぎても安すぎても、バザーは成功しないからです。プロジェクトに参加していた子どもたちは、多くの友達が買い物を楽しめるよう、バザーの品数と値段のバランスを確認しながら作業を続けていきました（**資料4**）。

資料4　学級バザーのレジ

バザーは大成功です。予定していた

資料5　黒板アートの掲示

金額を超えるお金が集まりました。さっそく「お楽しみ会」に必要な買い出しに行こうとしたのですが、すべてが10円玉です。さすがにそれでは買い出しに行くわけにはいきません。そこで、近くの銀行に行って両替することにしました。両替機の使い方を銀行員の方に説明していただき、無事に両替できました。こうして、お楽しみ会のためのさまざまなパーティーグッズをゲットすることができたのです。

お楽しみ会の経費を稼ぐためにバザーを開催することも、バザーを運営することもみな、子どもたちにとってははじめて尽くしです。一人一人が思い思いに意見をもち寄りながら自分たちにできそうなことを精査し、教師や保護者の協力を得ながら自分たちで成功させたこの経験は、子どもたちにとって得がたいものとなったことでしょう。

〈「黒板アート」プロジェクト〉

ほかには、「黒板アート」を掲示することを許可し

資料６　クラスカラーに塗装された投てき板

てほしいと申し出てきた学級があります。この黒板は、子どもたちが絵を描くキャンバスです。毎日少しずつ教室で描き足し、完成した作品を階段の踊り場の壁に設置します。担任教師から事前に連絡を受けていたので、私は快く許可しました。

それからというもの、放課後になるとその教室を訪れては、子どもたちの作品が少しずつ完成に近づいていく様子を見るのが楽しみになりました。

ついに黒板アートが完成し、階段の踊り場の壁に飾られると、そこに描かれていたのは、先に触れた本校の「三つの山」のひとつ、中止を余儀なくなれた「富浦合宿での遠泳（およそ40分間の遠泳）」に挑戦する自分たちの泳ぐ姿でした（**資料5**）。他の学年・学級の子どもたちも壁の前を通るたびにそのレベルの高さに驚き、足を止めて鑑賞していました。

私は、〝これで黒板アートプロジェクトは解散かな〟と思っていたのですが、そうではありませんでした。子どもたちはその後も黒板アートに挑戦し、一定の期間を空けながら最終的に6つの作品を掲示したのです。いずれも、春夏秋冬、四季を感じさせる本校行事を表現した作品が階段の踊り場を飾り続けたのでした。子どもたちはもちろん、私たち教師の心も癒やされる思いでした。

実は、その間にも取り組んだことがあります。それは、第一運動場にあった投てき板の修繕と塗装でした。子どもたちは、図工専科の先生と相談し、材料を調達して修繕し、さらに投てき板をクラスカラーの4色に塗装して大変身させたのです（**資料6**）。

〈「絵馬」プロジェクト〉

校舎巡回で昇降口に来たときのことです。ある学級の子どもが数人集まって、何やら準備をしているのが目にとまりました。聞くと、全校生が自分の願いを書ける「絵馬」プロジェクトをスタートさせたのだと言います。

さすがに木製の絵馬ではなかったのですが、段ボ

資料7　昇降口に掲示された絵馬

ールを切り取って作成した手づくりの絵馬です。その数なんと800枚。その手軽さも手伝ってか、昇降口を訪れた子どもは次々を絵馬に願いごとを書いて掲げていました（**資料7**）。

資料8　噴水池の掃除

子どもたちが書いた絵馬の多くはコロナの終息後の生活を願うものでした。1日も早く当たり前の日常が戻ってくることを、みんなで願い合うとてもよい機会となったように思います。

〈「噴水池そうじ」プロジェクト〉

本校の中庭には、「噴水池」と呼ばれている防火用水の池があります。メダカや金魚のほかにも、ヤゴやオタマジャクシなども棲息しており、ちょっとしたビオトープです。地下水を汲み上げて水位や水質を保っているのですが、池の上には落葉樹が枝を伸ばしており、定期的に落ち葉を取り除かなければなりません。そこに目をつけた学級があります。彼らは、「噴水池そうじ」プロジェクトを立ち上げます。

掃除は、池に棲息している生き物を救い出しながらのかい掘りとなるため、作業はなかなか大変です（**資料8**）。さらに、乾いてしまうと池の側面についている汚れが落ちにくくなってしまうため、高圧洗浄機を使って素早く行わなければなりません。

数日間かけて、やっと噴水池はきれいになりました。取り出していた生き物を池の中に解き放ち、作業は終了となりました。

このプロジェクトは、「ボランティア活動」としての位置づけとなります。自分たちが「楽しむ」というよりも、全校生に気持ちよく「楽しんでほしい」という思いに支えられた活動だと言えるでしょう。

〈遠泳プロジェクト〉

（前述のとおり）富浦海岸（千葉県南房総市）での遠泳合宿は中止となってしまったわけですが、思わぬサプライズ企画がもち上がります。東京辰巳国際水泳場を会場にして遠泳ができることになったのです（東京辰巳国際水泳場：東京都江東区にある国際規格のプールがある施設。さまざまな国際大会や日本選手権などを開催。２０２１年に開催された東京オリンピックでは、水球の会場として使用された）。

遠泳当日、プールサイドに足を踏み入れたとき、会場のあまりの広さに子どもも教師も息を飲んだほどでした（**資料9**）。さすがは国際規格のプールです。一般公開日には誰でも利用できるプールではありますが、学校で借り切って友達と一緒に泳げるなど、そうあることではありません。子どもたちのモチベーションもグンと上がります。

しかし、遠泳に向けての水泳の練習はほとんどできておらず、子どもの安全を確保する必要性から遠泳については希望する子どものみとし、遠泳以外に参加できるさまざまな種目を設けて記録会の場としました。また、子どもたちが活動する様子をリアルタイムでオンライン配信し、保護者も視聴できるようにしました。

いよいよ遠泳も記録会も終わり、最後の閉会式となったとき、さらなるサプライズが子どもたちを待っていました。実は、子どもには内緒で、競泳オリンピアンの伊藤華英さんをゲストに招いていたので

資料9　東京辰巳国際水泳場での遠泳

す。伊藤華英さんは、北京オリンピックとロンドンオリンピックの日本代表選手で、現在はスポーツ健康科学博士として大学でも非常勤講師を務めるなど活躍されています。

伊藤華英さんには、スピーチしていただいた後、泳ぎを見せてもらいました。その泳ぎは水の流れそのもので、たった一かきでどうしてあれほど前に進むのかと不思議に思えるほどでした。

これまでの遠泳行事とはまたひと味違うサプライズに、子どもたちはもちろんのこと、教師も満足そうでした。

子どもたちへのメッセージ

突然の臨時休校で新学期を迎え、辛く長い1年間を耐え抜いた卒業生に向けて、私は次の言葉を贈りました（「卒業文集」収録）。

卒業生の皆さんにとって最後の小学校生活だった令和2年度は、本当に辛い1年間でした。新型コロナウイルス感染症の拡大により、様々な行事の中止や延期が余儀なくされました。特に「三つの山」を越える行事の中止は、私たち教師にとっても苦渋の決断でした。

なぜ行事を中止・延期しなければならないのか、その当時は誰もが納得できる客観性ある理由を説明できる人はいませんでした。新型コロナウイルスの正体について、感染症やウイルス学の専門家でも意見が分かれていたのです。査読、追試を経ていない怪しい論文までもがマスコミで紹介され、無責任とも言える情報が広がったこともありました。

このような状況下での鉄則は〝疑わしきは罰する〟であり、科学的な根拠が得られるまでは最大限の感染症防止対策をせざるを得ません。新型コロナウィルスの様々な変異株が現れている現在も、そのスタンスを変えることができていない状況が続いています。いま、私たち人類には、「正解のない問題」が突きつけられていると言えます。

問題を見いだし、正解を求めて試行錯誤し、苦労を重ねて正解にたどり着いたとき、私たちは知的な充足感に満たされます。「生きる力」は、そのような追究の過程で身につけることができると言えます。

教師である私も、「わかる・できる」を授業のゴールの一つとして設定し、児童のみなさんが正解に到達するまでの過程を支援し、様々な学力を身につけることができるよう教育研究を重ねてきました。今後も、教師としての自分のスタンスに、大きな変化はないと思います。

しかし、私たち人類が実社会のなかで直面する問題には、明確な正解がないことがあります。いえ、正解がない問題のほうが多いと言ったほうがいいでしょう。

例えば、国際問題や環境問題等の構造は複雑の一途をたどり、「ああすればこうなる」式の単純な解決策では歯が立たない状況下にあります。また、原子力発電の存続、クローン技術といった問題の是非、そして先に示した新型コロナウイルス感染症の対策にも、正解は見つかっていません。

それぞれの立場から示された主張のメリットとデメリットを見極めながら議論する過程で、自分が納得できる「考え」をもつことが要求されるのです。そのときこそ、自分と違う立場にいる人たちと、どのようにコミュニケーションをとりながら議論できるか、人間としての資質や能力が問われることになります。

「コミュニケーション能力とは何か?」と問われたら、私は「相手の考えを変えることのできる能力」と答えます。自己中心的な印象をもたれたかもしれません。しかし、相手の考えを変えるためには、自分の考えも変えなければなりません。つまり、そこにはよい意味での駆け引きが必要なのです。

これまでの友達づきあいのことを思い出してください。自分のわがままばかりを主張しては、自分にとって望ましい友達関係を維持することはできません。相手に我慢してもらうこともあるけれど自分も我慢することもある、といった関係で成り立っているのです。つまり、友達づきあいの方法には、正解というものは最初からあるものではなく、相手と自分との駆け引きのなかで創り上げていくものだと言えます。

「学校は楽しいところではありません。楽しくするところです」

と私は言い続けました。

未来を明るくできるか否かは、皆さん一人一人の主体性のなかにこそあるのです。

子どもからのメッセージ

その後も、子どもの前で何か話をするたびに、「学校は楽しいところじゃない。楽しくするところだ」と、私は繰り返し訴えてきました。〝下手な鉄砲も数打ちゃ当たる〟とはよく言ったもので、少しずつではありますが、このスローガンに込められた思いが子どもの心に響いているという実感を得ることができました。というのは、さまざまな行事で児童代表の挨拶のなかに、この言葉がたびたび登場するようになったからです。

次の文章は、令和3年度の「卒業文集」に収録された、ある子どもの作文です。

「学校は自分たちで楽しくするところだ」

これは、佐々木校長先生の言葉だ。

学校を自分たちで楽しくするためには、二つのことが必要だと思う。

一つは、学校を楽しもうという自分自身の前向きな思いや行動だ。佐々木校長先生の言葉に刺激を受けた僕は、学校生活を楽しむために多くの友達と積極的に関わったり、勉強や運動で自分の目標を立ててそれを達成するために努力したりした。

もう一つは、先生や友達などの存在だ。毎日友達に会うのを楽しみに学校へ行き、友達と楽しく授業を受け、友達とたくさん遊んで一緒に給食を食べ、友達と一緒に下校する。長期休みのときには、最初は何となく楽しいのだけれど、時間が経つにつれてやはり友達に会いたくなってくる。学校では先生方のおかげで楽しい授業が受けられて、先生方のおかげで学校行事を思い切り楽しむことができた。

僕はたくさんの人に支えられているからこそ、学校を楽しく過ごせている。これは最後の2年間がコロナ禍だったから、より深く実感することができたと思う。休校・学年閉鎖・学級閉鎖と、何度も学校が休みになって、友達と会えなくなったり学校行事も行えるか分からない状態が続いたりしたが、そのようななかでも先生方はたくさんの学校行事をすぐに中止にするのではなく、日程や形を変えて行ってくれたからだ。

運動会も6年生の清里合宿も、富浦遠泳やスキー合宿もできて、中止になったのは5年生の時の清里合宿だけだ。

特に行けて嬉しかったのは修学旅行で、これは僕の小学校生活一番の思い出でもある。飛行機と新幹線、バスを使い、広島・京都・奈良の三都市を三泊四日で巡るスペシャルコースだった。班別行動が少ないなど制限はあったが、それでも遊べる時間に友達とはしゃぎ、観光地ではその美しさに感動し、歴史について考えさせられた。

本当に楽しくて、あっという間の三泊四日間だった。僕たちは先生方の努力のおかげで、コロナ禍でも多くの行事を経験し、友達のおかげでそれをさらに楽しくすることができたのだ。

6年間を振り返ってみると、コロナ禍のさまざまな制約のなかでも僕は筑波小での学校生活を存分に楽しくすることができていた。それができたのは、先生方や友達、そして安全や健康を守ってくれた保護者や職員の方々のおかげだと思う。

これからの学校生活、そしていつか社会に出る時、僕は佐々木校長先生の言葉をずっと大切にしてく。自分の環境は自分自身で楽しくしていき、それを支えてくれる全ての人に感謝したい。

最後に、筑波小の6年間、ありがとう!

卒業生がいみじくも書きました。「自分の環境は自分自身で楽しくしていく」と。そうなのです。コロナ禍であろうとなかろうと、学校は楽しいところではなく、楽しくするところなのです。言い換えれば、「人生は楽しいものじゃない。楽しくするものだ」とも言えるはずです。

この主体性があれば、すべての人に明るい未来が待っているに違いないと私は信じています。

おわりに

新型コロナウイルス感染症の流行は、社会に大きな分断を生み出しました。学校も例外ではありません。どこまで感染症防止対策をする必要があるのか、誰にもわかりませんでした。学校行事にしても、延期するか、規模を縮小して開催すべきなのか、科学的な根拠を伴った「正解」がないなかでの模索が続き、その過程でさまざまな軋轢が生じました。

そのようななかで思い出したのが、本書で繰り返し登場させた先輩の言葉でした。「学校は楽しいところじゃない。楽しくするところだ」

この言葉を噛みしめ、教師と子どもが現状に甘んじることなく、「楽しくする」という主体性を発揮できたならば、学校の教育活動はダイナミックに展開するに違いないと私は確信したのです。

第5章でも触れましたが、人生において直面する問題には、明確な「正解」がないことが多いものです。「脳死・臓器移植の問題」「死刑制度の是非」「クローン技術の功罪」「原子力発電の是非」など、枚挙に暇がありません。

そのときに必要とされる態度が、自分とは違う考えをもっている他者へと視点を柔軟に転換することです。そして、問題を「自分ごと」としてとらえることができれば、自分にとって価値ある「納得解」が見つかるはずです。いたずらに対立構造をつくることなく、それぞれが納得できる共通了解可能性を探ろうとする主体性ある態度こそ、これからの未来を生きるうえで必要となる資質・能力の一つになるに違いありません。

かつて、OECDが組織したプロジェクトであるDeSeCoが示したキーコンピテンシーの一つに「異質な集団で交流する力」があります。今後さらに世界のグローバル化が進めば、さまざまな歴史的背景や文化的背景、価値観をもった異質な集団といかに交流できるかが問われることになります。そして、自分の価値基準だけにとらわれない〝柔軟な心のもちかた〟が求められることでしょう。

＊

本書は、既に発刊している『理科の授業で大切なこと Science Fragrancer からの贈りもの』（鳴川哲也編著、東洋館出版社）で私が執筆させていただいた原稿を読まれた高木聡さん（東洋館出版社編集部）が興味をもたれたことが、出版のきっかけとなりました。最後になりましたが、原稿の執筆や編集の過程で多大なるお力添えをいただいた高木さんに、心より感謝申し上げます。

令和5年1月吉日　筑波大学附属小学校長　佐々木昭弘

佐々木 昭弘

筑波大学附属小学校長

1960年、福島県福島市生まれ。北海道教育大学教育学部卒業後、福島県公立小学校教諭、筑波大学附属小学校教諭・副校長を経て現職。日本初等理科教育研究会副理事長（編集部担当）、『みんなと学ぶ小学校理科』（学校図書）編集委員。

〈主な著書〉『系統・関連指導を重視した小学校理科の新カリキュラム・デザイン』明治図書出版、2022年／『小学校理科　全学習内容の指導ポイントEXPERT』明治図書出版、2022年、ほか多数。

最高の主体性を
発揮する子どもと教師

2023（令和５）年１月20日　初版第１刷発行

著　者　佐々木昭弘
発行者　錦織圭之介
発行所　株式会社　東洋館出版社
〒101-0054　東京都千代田区神田錦町２丁目９-１
コンフォール安田ビル2F
代　表　TEL 03-6778-4343
営業部　TEL 03-6778-7278
振替　00180-7-96823
URL　https://www.toyokan.co.jp
装　幀　中濱健治
印刷・製本　藤原印刷株式会社

ISBN978-4-491-05068-3　Printed in Japan